HEIMLER JENŐ

NAPFOGYATKOZÁS UTÁN

Heimler Jenő (Eugene Heimler):
"NAPFOGYATKOZÁS UTÁN"
1. kiadás 2015

© Literary Trust of Eugene Heimler, 2015
Megbízott: Miriam B. Heimler

ISBN: 978-0990583660

Címlap fotó: Partial solar eclipse – Stock image, photo 1473349, Stock photo©Alexneo
Heimler Jenő, 17 éves, ©Miriam Bracha Heimler
Heimler Maria (Jenő édesanyja), ©Miriam Bracha Heimler
Címlap tervező: Devorah Priampolsky

Felelős kiadó:
Miriam Bracha Heimler
P.O. Box 18422
Jerusalem 91183
Israel
mheimler@bezeqint.net

Ez a kötet három önálló verseskötetet tartalmaz, melyek először 1943 és 1946 között jelentek meg VÁT JENŐ szerzőtől, mely név Heimler Jenő írói álneve volt.
1. VALLOMÁS A SZÓHOZ
2. NAPFOGYATKOZÁS UTÁN
3. ÖRÖK HAJNAL

Tartalomjegyzék

A szerzőről 6

Előszó 8
BEVEZETÉS 10
Dr. Ungár André rabbi

ÖRÖK HAJNAL
Megváltás

Hivatás 17
Könyörgés a pillanatért 19
Dal az álomról és a 20
felébredésről ...
Kérdem: még élünk? ... 23
Közeleg a vég, de az Isten 24
egy
Nagy probléma 28
Megváltás 29
Örök Hajnal 31
Te szólsz (Nővéremnek) 33
Testvérek voltunk emberek!
Elfáradtam 35
Ima a békéért 37
... és égtek a lángok 38
Keletről jöttem 40
Kérdez az ember? 41
És eljő a nagy csoda ...
Örök pihenés 43
... és eljő a nagy csoda 45
...Ima
Találkozásom Messiással 47

3

Isten és én   49
Látjátok-e? ...   51
Megismerés
Örök melódiák   54
Sors   55
Néma suttogás   56
Megismerés   58
Mire lehullunk   60
NAPFOGYATKOZÁS UTÁN
Napfogyatkozás után   62
Isten Veled, apám !   64
Az Új Ember verse   66
Ámon születése   68
Orkán a Tiberis felett   71
Lángok között   74
Csend a barikádon   76
Az erdő verse   78
Gulliver a törpék   83
országában
Vallok Neked   88
Keleti búcsú   89
Ölelés   91
VALLOMÁS A SZÓHOZ
Atheus halála   94
Idegen ember vagyok   96
Az üstökös   97
Örök melódiák   98
Nincs szerelem   101
Megyünk tovább   103
Mikor az ember   104
Az Isten temetése   105

Halottak gyásza	106
Közünk van egymáshoz	107
Hidd el nekem	108
Azt hiszem: vallomás	109
Briliáns	111
Öregek a parkban	112
Esti beszélgetés	113
Valakit hívnék	115
Azt hiszed: ősz van	117
Halottak	118
És nem történt semmi	119
Réti imádság	120
Szeretlek	122
Imádkozom	124
Vallomás a szóhoz	125
Volt egyszer egy	126
húszéves gyerek	
Szomorú mese egy	127
húszéves gyerekről	
Láttad-e	128
Keleti búcsú I.	130
Keleti búcsú II.	132
Badacsonyi alkonyat	134
Látod? Hiába	135
Köszönetnyilvánítás	136

A szerzőről

Heimler Jenő 1922. március 27-én, a magyarországi Szombathelyen született. Édesapja ügyvéd, és a szociáldemokrata párt jeles képviselője volt. Heimler húszéves kora előtt elismert költővé érett Magyarországon, amikorra már két verses kötete is megjelent. 21 éves, amikor Auschwitzba majd Buchenwaldba deportálják. Túléli a haláltábort kedves gyerekkori és szeretett anyjához fűződő emlékeinek segítségével, aki hosszan tartó betegség után halt meg nem sokkal a második világháború kezdete előtt. Feleségét Évát, édesapját, nővérét és annak kisfiát Auschwitzban ölték meg. 1946-ban feleségül vette Lilit (született Salgó Lili), akinek korai haláláig (1984) két gyermekük született, Susan és George. 1947-ben Heimler Angliába emigrált.

Nem sokkal ezután a Manchesteri Egyetem egyik első pszichiátriai szociális munkásaként diplomát szerez, és fejleszteni kezdi saját társadalomintegrációs módszerét, amely Európában, Amerikában és Kanadában *Heimler-skála* néven vált ismertté.

Később visszatért Németországba, hogy a fiataloknak megtanítsa egyedi módszerét, amelyben a szenvedés és a frusztráció potenciális hajtóerővé válik az elégedettség és kreativitás eléréséhez, így találva célt és értelmet az életnek. Heimler Angliában a Társadalombiztosítási Minisztérium, az Egészségügyi Világszervezet, valamint az Amerikai Egyesült Államok kormányának tanácsadója lett.

Húsz éven át tanította saját felfedezését Angliában a Londoni Egyetemen, hírneve több egyetemen juttatta katedrához az USA-ban és Kanadában. 1985-ben a kanadai Calgary Egyetem díszdoktori címet adományozott Heimlernek, ahol tárgyát 17 évig tanította.

A második világháború végének negyvenedik évfordulóján feleségül vette Miriam Brachat, akivel boldogan házasságban élt élete végéig. Heimler Jenő 1990. december 4-én halt meg.

Előszó

Ez a korai költészetét reprezentáló kötet tiszteletadás Heimler Jenő előtt, akinek versei először hetente jelentek meg szombathelyi folyóiratokban, a szerző 17 éves korában, és melyeket 'Vát Jenő' írói álnév alatt publikált három különálló kötetben 1943 és 1946 között.

Heimler (erkölcsi értelemben is) felülmúlta egykori irodalom tanárát, aki abban az időben, amikor verseit írta és megjelentette, megbuktatta magyar irodalomból zsidó származása és forradalmi gondolatai miatt. A kiadó némi kezdeti segítség után felmondta a szerződést, gyakorlatilag kitette az utcára, veszélyeztetve a költő megélhetését. Az antiszemitizmus nagyon is jelen volt és egyre nőtt Magyarországon.

Hogyan lesz valakiből költő?

Csak egy szem a láncban című könyvében ("A Link in the Chain") (www.amazon.com) Heimler Jenő így ír:

"...Mikor még gyerek voltam, anyám azt akarta, hogy költő legyek. Egy téli estén az ölében ültem s megvallotta, hogy ez titkos vágya..."

"...Kilenc éves voltam, amikor anyám attól a betegségtől szenvedett, mely később megölte ....féltem, hogy meg fog halni... leültem, hogy megírjam életem első versét... Mátyásról, az igazságos magyar királyról szólt. Vártam, amíg felébred, majd odaültem mellé az ágyán és felolvastam neki. 'Jancsi, ez gyönyörű ... igazi költő vagy ...'"

"... Amikor 14 éves voltam, egy téli estén egyedül ültem szobácskámban, míg az orvosok küzdöttek anyám

8

életéért … és … leültem és írtam neki egy verset. …míg írtam, könnyeim a tintába hullottak … a múlt elment, és a régi szép idők …és anyám lehet, hogy meghal … ma este … holnap… vagy egy év múlva? Mielőtt másnap az orvosa megérkezett …, felolvastam neki ezt a verset és ezt mondtam: 'Egyszer megígérted, hogy elszavalod a verseimet valamikor …' És, apám legnagyobb meglepetésére, anyám szemében könnyekkel, felült, elszavalta a verset nekünk. Ekkor tudtam meg, hogy írnom kell, sokat kell írnom, hogy jobban legyen. De sajnos anyám 17 éves koromban végleg eltávozott."

"… Annyira örült, amikor írtam valamit. Amióta meghalt, mindig érzem jelenlétét, mikor tollat veszek a kezembe."

"… Annyira erősen kötődtem hozzá, hogy úgy érzem, mintha egy titkos hosszú téli éjszakát töltenék vele azóta is … még sokkal halála után is vele éltem éjjel nappal ölében ülve."

2013-ban Heimler Jenő emlékére emléktáblát avattak a Király utca 11-es ház falán, Szombathelyen, ahol családja élt.

Most újból kiadom ezeket a verseket a jelen és a jövő generációi számára, hogy Hemler Jenő költészete mindörökké fennmaradjon, és hogy megőrizzük szellemi örökségét.

Miriam Bracha Heimler

(Angolból fordította Goldmann Márta és Murai Gábor)

9

BEVEZETÉS
Dr. Ungár André rabbi

„Emberfia, életre kelnek még ezek a csontok?" kiáltott a hang Ezékiel próféta látomásának 37. fejezetében, „a kiszáradt csontok völgyében". Ez a látomás a nyomorúságos ember feltámadásba vetett kétségbeesett reményét jeleníti meg, és megerősíti a hitet az emberi lélek halhatatlanságában.

E bibliai szavak egy csendes észak-londoni temető sírkövébe vannak vésve. A szöveget maga Heimler Jenő választotta saját sírjára - az író, a professzor, a pszichológus, a gyógyító, a drámaíró és költő.

A Nyugat-magyarországi Szombathelyen született, boldog családban nőtt fel. Szülőhazájának kedves tája és kultúrája, valamint a zsidó szellemi örökségéhez való szenvedélyes kötődés vette körül. 17 éves korában jelent meg első verseskötete: az ártatlanság, a gyengédség és csodálatos ígéret versei.

A század közepén rémálom szállt Európára és elsöpört minden idilli illúziót és naiv álmot. Szeretett családja minden tagját deportálták és meggyilkolták. Ő volt az egyetlen túlélő.

Rövid budapesti újságírói gyakorlat után Angliába költözött és elkezdte élethosszig tartó humanitárius munkáját a háború utáni brit társadalomban. Mint azt gyakran mondta: „A világ megharcolta és látszólag leverte külső kínzóit - most meg kell hódítanunk a belső démonainkat is." Az általa választott eszköz a pszichiátriai szociális munka volt: gyorsan fejlődő terület, melyben úttörő volt. Ezt egyetemi elismerések

10

követték. A kutatás, mely az általa felfedezett és kidolgozott „Társadalmi funkcionálás skálán" alapszik, tudományosan igazolta eredeti meglátásait. Írásait, előadásait, és emberi interakcióit objektív ítéletek, és mély együttérzés jellemzi. Évtizedekig ingázott Európa és Amerika között megosztva bölcsességét és tapasztalatait. A pusztításról és az újjászületésről írott memoárjai *A köd éjszakája* valamint a *Csak egy szem a láncban* a 20. századi irodalom klasszikusaivá váltak.

Heimler kutatásaival sok ember életét terelte egy élhetőbb útra. Saját tragédiája fölé emelkedett. A kiszáradt csontok völgyén túl – a halál árnyékának völgyén túl – Heimler Jenő látta és segítette eljuttatni az élet fényét és jóságát.

11

ÖRÖK HAJNAL

VERSEK

VÁRNAI ZSENI ELŐSZAVÁVAL

Égünk, hamu vagyunk, szikra, lobbanás.
Ismeretlen. Ismerős. Mindig más és más,
érzünk, tudunk és tudatlanul
keringünk a világban,
mígnem lelkünk
a mélységekbe hull ...

*Ezt az első könyvemet áldottlelkű édesanyám
örök emlékének szentelem.*

*" ... nem volt kincse, nem volt címe,
nem volt semmije,
csak áldott jó szíve,
- és az én Anyám volt ... "*

Egy a sok-sok ezer közül, aki mélységes megbántottságát ki akarja fejezni. A fájdalom, a csodálkozás szólásra kényszeríti, riadtan keresi a szavakat, jelzőket, hogy tolmácsolják, közvetítsék az ember, a világ és Isten felé, amit érez, és gondol, ez a nemes, tiszta, de megalázott fiatal lélek.

Egy a sok-sok ezer közül ez a fiatal ember, aki benyitott hozzám, hogy néhány bátorító szóval vezessem a nyilvánosság elé ezt az ő első verseskönyvét. Szívesen megteszem, mert nagyon megindítottak versei. Fiatal költő énekel itt, mint már mondottam, azok közül való, akik ma elborult lélekkel járnak a fénylő nyári nap alatt, mert feléjük nem sugárzik az ég, nem virágzik messzeség s feléjük nem énekel a madarak hajnali kórusa.

Heimler Jenő eme verseit azért is olvastam nagy érdeklődéssel, hogy megtudjam, milyen visszhang viharzik megbántottságuk nyomán a mai fiatalok lelkében. Bizony ezekben a verses vallomásokban örvények kavarognak, fájdalmas szelek zugnak, de a lélek nem roskad meg alattuk, nem törik össze s így is van helyesen. Ennek az ifju nemzedéknek van hite, ereje és nemes öntudattal.

Ha ezek a versek nem is mutatnak egy kiforrott költőt – hiszen írójuk még csak 17 éves

– és első szárnypróbálgatásait adja itt, de dokumentumok ezek a versek s vannak már megrendítő sorai s a tehetség semmiképpen nem vitatható el tőle. Kívánom, hogy boldogabb körülmények között jelentkezzék csakhamar második kötetével is a költő.

Budapest, 1939. június 29.

VÁRNAI ZSENI

MEGVÁLTÁS

Hivatás*

... és eljöttem. Még emlékszem jó utamra;
anyám karonfogott ... és mondta: gyere fiam,
tüzes folyóban kell áthaladnod majd,
mert gáncsot, gátat vetnek eléd az emberek ...
ők rosszak, önzők, de Te jó vagy, kis fiam,
mert gyermek vagy még, s jók a gyermekek,
Te csak gyere velem, amíg dalol az ég,
kövesd utamat, mit kitiprok eléd,
s ha örvényes légbe, utakba érünk
felemellek majd, megkönnyítem utad ...

és midőn Isten kinyilatkozott,
s a megismerés szikráját felgyújtotta bennem, -
tollat fogott kezem,
és írt, írt össze-vissza mindent ...
anyám mosolygott: csak írj fiam,
hadd tudják meg mások, mit érzel, ki vagy;
buzdítsd, bátorítsd a kétkedőket,
s a Gond-felhőket
kergesd el homlokukról ...

minden versemben az Ő szelleme ég,
minden mozdulatomban az Ő akarata van,
és ha elbúsultam a ködös holnapokon,
csak megfogta fejem, szemem közé nézett,
s szólt: költő vagy, fiam!
Tiéd a szavak édes muzsikája,
Tiéd az élet, az örök-igaz szó.
Erővel, akarattal, töretlen munkával
révbe ér majd a fáradt hajó:
az Ember ...
aztán amilyen csendben élt, olyan csendben ment
el ...
ma már nem mutatja a homályban az utat,
ma már emlék csupán, örök-égő múlt,
fiáért a földön Ő már nem vérzik,
sorsa felett Ő már nem sír álmatlan éjszakát,
de én megfogadom drága édes szavát,
és megyek töretlenül éjszakákon át,
kezemben a tollal, mint acél-sárkánnyal. -
Én nem félek a viharban,
mert védőszárnnyal tekint felém
valahonnan a mély titokból
Ő, az én jó anyám, aki szeretett,
akit szerettem úgy, mint embert a földön soha.
A Halál nagy Ur, -
de a szeretetet megölni nem lehet ...

ég ... ég bennem életemen, száz életen keresztül
az Ő emléke, az Ő neve, az Ő szava. ...
Nem volt kincse, nem volt címe, nem volt
semmije,
csak áldott jó szíve,
és az én anyám volt ...

*Édesanyám verskönyvem rendezése alatt – 1939. július
6-án halt meg.

18

Könyörgés a pillanatért

Varázspálcádat pillanatra,
csak egy pillanatra add nekem !
- Én – a gyenge Ember
hadd teremtsek csodát ...

... most tavasszal zsong a természet,
Mester! miért késik a pillanat?
ó jaj, a nyár jön, majd az ősz, s a tél ...
a pálcát Uram, - egy pillanatra csak ...

ám, az én sóhajom is gyarló,
én is bűnös vagyok, mint annyi százezer,
- minden hiába, - a vihar szele fúj ...
... s egyszer nékem is menni, menni kell ...

de addig varázspálcádat pillanatra,
csak egy röpke pillanatra add nekem !
s én – a gyenge Ember
  – majd teremtek csodát ...

19

Dal az álomról
és a felébredésről ...

nem terveztem magas vágy-álmokat,
nem akartam kincset, drágagyöngyöt,
megvetettem a Föld-göröngyöt,
mert lábammal tiportam ...
de nem terveztem álmokat,
melyek valóra nem válhattak ...

szerettem a szépet, mely könnyekig jutott,
szerettem a jót, az igazat,
nem viselhettem üres szavakat,
s ha szemekből álkönny hullott ...
a szépet szerettem, mely könnyekig jutott,
az életet szerettem, ha nem unott ...

... és ma megfagytak éjjel a rózsák,
szívembe tört szúrt a vád,
ajkamra mérget öntött a harag,
szegény mi, kalitkába zárt madarak,
(szegény elhagyott Ember ...)

akartam dalolni, hogy vígságot hozzak,
akartam lenni dalos, bút felejtő,
akartam lenni Ember, s ha bús a jövő
akartam lenni Új Próféta,
hogy reményt jósoljak ...
hiába, az ősz meggyilkolta tollamat ...

mit tegyek? ... sírjam, hogy nem lesz kikelet,
zokogjam, hogy elmúlt a nyár, és itt az ősz? ...
mégis: el kell sírni bánatom,
mert az Élet fáj nagyon,
s mit tudni a magasban – jaj – ki hív? ...
el kell sírnom, mert fáj a szív ...
és holnap sírni, ki tudja,
tudok-e? ...

... de elzokogom, hogy fent maradjon e dal,
s ha majd az Ur jobb időt akart,
mikor majd porban nyugszom én,
mikor már nem lesz bánat
a halandók szívén,
ha előveszik versemet, sírjanak, ...
s a lelkiismeret ostorozza majd,
hogy ily világ volt hajdan:
szenvedés, verés, ostorcsapás ...

... én most elmegyek, és utamon
sok vihar sújt majd, talán elesek ...
talán, ... de nem, - sohasem -
magam előtt megvetett nem leszek,
megdobálhatnak sárral, kővel,
véres, megalázott lehet fejem,
de utamon bármerre megyek,
az Igazság lesz velem!
ha leszek nagy, védem majd a Jogot,
dicsérem a Jót, és ütöm, aki lopott,
ha parány leszek, meghúzom magam,
és kenyerem megosztom, aki rászorul ...
... most elmegyek, megyek tovább,
egy homályos, ködös Jövő elé,
arcom piros a tenyércsapástól,
és nevem: Büdös, Megvetett!

... pedig nem akartam nagyot alkotni,
csak csendben élni, mert ez Hazám,
szeretem, mintha gyermeke volnék,
s Ő lenne édes jó apám ...
Nem terveztem soha vágy-álmokat,
és nem akartam kincset, drágagyöngyöt
de megbecsülöm a föld-göröngyöt,
mert énrajtam is átlépnek sokan ...

de tudom, hogy elmúlik rossz álmom:
a Holnapot megtalálom,
és lesz új felébredés,
Új hajnal-fény!

Szombathelyen, 1938. december 1. (amikor a VI. Gimnáziumból
kimaradtam.)

Kérdem: még élünk? ...

Kívánom a sötét éjjelt,
hogy álmodhassam,
hogy érezhessem
a túlvilági-gyönyört,
az érthetetlen
élet-csömört
a Mindenség titkából ...

kívánom az égő napot,
hogy élvezhessem,
hogy szívhassam
a tavaszi illatot,
hogy nézhessem a kéklő eget,
és hihessem, hogy van,
aki szeret ...

így ... így éj után a napot,
várva mindig a Holnapot,
kiáltva őrjöngőn, vadul,
és kérdezve rángató kérdéssel:
Élünk? ... Még élünk... ?

23

Közeleg a vég, de az Isten egy

... és közeleg a vég, a haldokló arcára
nyugalom vonul. Eljött az utolsó este,
néz sokáig komoran, a múltba révedezve,
ajkára már fel-fel tör a szó,
a láztól tüzes, mint kohó,
aztán elnyeli azt a tűz,
... - közeleg a vég ...

a szobában tíz ember áll, előttük ősi könyv,
könnyes szemmel ima röppen a lélekért,
a menni készülő vétkiért,
már ... már hiszik, hogy lelke Odaátra szállt
mikor hallani suttogón szavát:
- hallgassatok, még van szavam,
csend ...

- a hazáért harcoltam, folyt a vérem érte,
szenvedtem minden pillanatban,
de büszkén akartam,
s tudtam, hogy a vér majd orgonál,
az Urnak fülébe száll, ...
- hallgassatok, még van szavam ...
- csend ...

- hevertem a kórt, ím, húsz éven át,
erővel lelkemben védtem a hazát,
hittel, bizalommal harcoltam érte,
áldást mondottam mindig szent nevére ...
de most engem kinéznek,
ezt elviselni nem tudom ...
... megyek ...

- lövészárkok hideg nyirkos ölén,
hevertem, szenvedtem én,
betegen, hörögve hittem, hogy már megyek,
integettek felém a magyar folyók, hegyek,
aztán megtaláltak, elvittek, jaj,
s csupán azt kívántam: mire
jő a nagy Kaszás,
arra már otthon, hazai földben legyek ...

- akartam még sokáig látni,
a háromszínű zászló diadalát,
akartam még sokáig imádni
a magyar hazát,
akartam még sokáig kérni az egek Urát,
hogy az én sebeim balzsamok legyenek
a hon zord gondjaira,
de most engem kinéznek, ezt elviselni
nem tudom ... hát megyek ...

- s most lehunyom szememet,
látom a fegyverek csillogását,
hallom a fegyverek dörgését,
anyám sírását: Ne menj fiam!
hallom jajszavát a sebeknek, -
látok vérző embereket.
látom, mint harcolt ezer s ezer
a szent, a nagyszerű célért,
nem kérdezve az ütközet tusájában
mily fajú, vagy vallású vagy? ...
csak tudva, hogy magyar,
tudva, hogy egyet akar,
tudva, hogy egy a cél,
tudva, hogy a kard acél,
tudva, hogy velünk az Ur,

25

s hogy a magyar ég lesz
megint kék – azúr ...
tudva ... jaj ... nem bírom, ...
szörnyű az én kínom,
a kétség s fájdalom a sírba kerget ...

a haldokló hörgése túl van már az élten,
szeme előtt még egy pillanatra
ifjúsága tűnt fel:
mikor jó volt fára mászni,
mikor jó volt kiabálni,
mikor lopták a szomszéd gyümölcsét,
mikor szombaton apjával a templomba mentek,
hol a hívők, mint szentek tűntek fel előtte,
... mikor az első édes csók elcsattant,
mikor először lóra pattant,
mikor először érezte folyni vérét ...
... mikor ... mikor utoljára látta
apját, anyját, testvérét ...

aztán összekuszálódtak a képek,
csupán a "semá-t" hallgatta ...
most egy kéjes borzongás fut végig rajta,
még egy utolsó sóhaj:
-        az Isten egy!

... temetőben suhogó fák alatt,
az ősz dalol egy furcsa dalt,
valamikor (de régen volt)
boldogokat rejtett a Temető,
ma a sírok is jajgatnak nagyon ...
minő világ!
-        de az Isten egy!

ezalatt kint az Életben.
televíziós rádiók mellett,
repülőgépek búgása közben
szenved egy nép,
nem tudja mért,
a nagy Ismeretlenhez fordul ...
ám, csupán az éter rezeg vadul,

a levegő is már az Emberé,
a nap, a hold, a csillagok,
Minő világ!
            de az Isten egy ...

Nagy probléma

láttátok a napsugaras
gondtalan tegnapot,
és a viharosan dúló
ma éjszakáját ...

pihentetek a Békeasszony
tiszta ölében,
és fetrengtek a Háború-ringyó
mocskos karjaiban ...

ajkatok tegnap még
ifjúi lánggal csókolt,
és ma iszonyú hörgéssel
gyűlöletet harsog ...

Íme: tegnap és ma ...
de vajon a homályba burkolt
titkos holnapon, mit fogtok
ölelni, csókolni, gyűlölni ... ?

Megváltás

... aztán elszállott a vérnek gőze ...

még néhány helyen esőutáni tócsákhoz
hasonló véres vizek csillogtak az utcán ...
bedőlt házak kőtömege felett
harsogón üvölt a Semmibe
a rombolt élet üszkös halmaza ...
ledőlt templom tetejéről
fénylő kereszt csillogása
eljut a zsinagóga gerendái
alatt heverő, nyomorék csillaghoz ...
és szól a szenvedő kereszt:
                    Megváltást

akartam adni a világnak!
testemen a Messiás szenvedett Halált.
békét hirdettem és szeretetet
megbocsátottam a bűnös vétkeit ...
... és szólt a vérző csillag:
                    Jordán

mellékéről jöttem!
végigszenvedtem Babilon ostorát,
láttam ledőlni Jeruzsálem falát,
sebzetten jártam a világban ...

... és megeredt a két test könnye ...

a Kereszt elvánszorgott
a csillag hörgő testéhez,
és kínlódó lelkük minden erejével
felcsókolták egymás szenvedéseit ...

... aztán kezdődött elölről az Egész ...

kezdetben teremtette az Ur
az Eget, a Földet, a Csillagokat ...

Örök Hajnal

minden idegszálam zúgja
a Tavasznak közeli jövetelét,
az örök hajnal csodás színét,
mikor a Munka lesz az Ur,
mikor mindenki Ember lesz a földön ...

mert hiába kényszer, hiába börtön,
a Szabadság Istenét nem verik le
sem fegyverrel, sem hamis szavakkal,
mert a Szabadság ott szunnyad
az idők titkos ölén,
s az emberi lélek majd – levetve bilincsét -
szabadon ujjongja
az új tavasz dalát ...

én nem vagyok lázadó, - csak Ember;
úgy, ahogy az Alkotó akarta,
de szívem fáj, hogyha látom elnyomni
Ember-testvéreimet ...
nehéz, véres munkával dolgoznak
a Kenyérért,
míg a másik dőzsöl
s hullatja a pénzt,
melyhez könnyen, álnokul jutott ...
Ember legyen mindenki a Földön,
Ember, s ne rabja a pénznek!

mert jaj az embernek, ha állattá lesz,
mert jaj az életnek, ha gúzsba kötik,
mert jaj a léleknek, ha megölik ...

Én nem vagyok lázadó, csak Ember ...

Halleluja, zeng a lélek káosza,
és dalol a természet Isten felé,
kéri a Hatalmast, a messzi Titkok
mélyében székelőt,
hogy tegyen csodát,
küldje le örök-hajnalát,
megváltó angyalát:

a Megváltó Messiást!

A Munka Messiását!

... és rohan a Világ egy új tavasz felé...

Te szólsz
Nővéremnek

néha vigasztalan vagyok
és kitör lelkemből
a megaláztatás könnyekben,
mert felém zúg az Élet,
és kínokat harsog a szél,
mert halált zeng a távol ...
s Te szólsz: ne félj!

néha ököllel szeretném
összezúzni a Mindent,
és azt a formát, melyet
megalkotott az Ember,
mert állati erőszak uralkodik
a földön ...
sikoltva nyújtja ki kezét
az anya vérző fia felé ...
és én, mint őrült szállok,
kínoznak álmok,
érzem, hogy vagyok,
tudom, hogy alkotok,
hiszem, hogy tudnék,
ha Ember maradnék ...
s Te fülembe súgod:
- várj majd egyszer ...

... majd egyszer lész Te is,
csak tűrjél, csak várjál,
csak harcolj a viharral,
ne engedj hitedből,
izmos karral törj utat ...
én melletted vagyok,
melletted maradok,
és ha dolgozol,
és ha akarsz,
el fog jönni a nap,
öcsém: a munka az Élet, napja
a Te napod ...

... és én sírok, zokogva vágyok, -
börtönömből száll dalom,
a szél süvítését hallgatom
bilincselt tollamat levetem a porba,
és ordítva zokogom:
                        - miért? ...

és fülembe cseng mondatod:
öcsém: a munka az Élet, napja
a Te napod ...

Elfáradtam

rajzik, rohan. bizserg ...
én őrült kedélybeteg,
reszketeg,
néma csüggeteg vagyok ...
a holnapok gyötörnek
és ezer halál sikolt bennem,
ezer élet rohan a tegnapból
menekülve, verítéktől ázva,
fújva
újra és újra
ezerszer belőlem ...
haj, ezer ismeretlen
sebzi inaimat ... idegemet ...

rajzik. rohan. bizsereg a nyár,
zsibbadt órák futkosnak,
és halott percekre szemfedőt rakok,
én érzem más vagyok,
mint, kik rohanva a Mából
a Holnapért előre kacagnak ...
én a mában maradok ...

milliomos rádium-sugárral
irtom a fekélyeket,
én Végtelen nagyszerű ember,

ki megszülte magát újnak,
hogy fakadhasson örök életbe,
tavaszba, nyárba ...
én új tavaszt hozok ...

rajzik. rohan. bizsereg a nyár,
zsibbadt órák futkosnak,
és halott percekre szemfedőt rakok ...

Testvérek voltunk
Emberek !

Ima a békéért

azon az éjjelen, mikor
sikoltva szálltak rádiómból a hangok,
és szívemben búsan kongtak vészharangok, -
azon az éjjelen, mikor
remegve vártam a nagy Borzalmat
s minden pillanatban
hullattam könnyűmet,
rám nevettek a csillagok,
(azt kacagták, hogy Ember vagyok ...)
... s én kitártam lelkemet
az Ég előtt,
megfosztottam magamat minden
mocskos emberi ruhától,
és azon az éjjelen
daloltam Hozzád, Uram,
a Békéért ...

Te Végtelenség, és ismeretlen Nagyság,
örök Fény és örök Igazság,
ki megalkottad semmiből a Mindent
és számtalan kincset:
gyógyító tudóst, művészt, szolgát
teremtettél templomod számára,
és megadtad a legnagyobbat: a Hazát,
adj több szeretetet!
hisz ez törvényed is!

... azon az éjjelen, mikor
a Háború sziszegte felém borzalmait,
buzgón, könnyes szemekkel szállt
imám a Békéért ...

... És égtek a lángok ...

a Capitoliumon égtek még a lángok,
a Forum Romanum békére vágyott,
a nép szenvedése Iuppiterhez szállott,
a Forum Romanum békére vágyott ...

kertben égő fáklyafények
Nero császárnak minő szépek!
a lángok felcsapnak – kékek ...
Nero császárnak csoda-szépek ...

s a hegy tetejéről felszálltak a füstök,
robajjal, zengéssel lángol még a város,
templomok ledőltek, és korhadt üszkök
lehulltak a sárhoz ...

Templomok! Ti szent helyek! ...
segítsetek Istenek!
a gőgös kényúr ezt tette velünk ...
istenek, Iuppiter légy velünk!
robajjal, zengéssel lángol még a város,
apáink hörögnek ....

... de elszáll a füst, megmarad a való,
Róma büszke város, ismét régi és nagy ...
a nép szenvedése az egekbe szállott,
a fáradt ideg is békére vágyott,
s mit lerombolt a kényszer, felépíti az erő.

Róma népe ujjong, mert előtted a Jövő, ...
Nérók lesznek még, s majd égni fognak tüzek,
de a lángok mögött dobognak a szívek ...
Szívek dobbanása az égbe felszálljon,
gerinc egyenesen test-test mellett álljon.

A Capitoliumon égtek még a lángok,
a Forum Romanum békére vágyott ...

Keletről jöttem ...

Keletről jöttem csodás utakon,
szívemben ősi Igét hoztam,
de elfeledtem a szináji szót,
és magamba buktam megostorozottan.

Üldözés keresztjén szenvedek már régen,
szívembe szúrva a gyűlölet szege,
és én, a ma Krisztusa, olykor néha éjen
könnyes szemekkel nézek messzire ...

De, ha pirkadni látom a vérző hajnalt,
felemelem e bús golgotán fejem,
mert új életet látok csillogni már
a messzi, titkos, ősi fényeken ...

Kérdez az Ember?

Hová ...? Miért ...?

... hát ezért neveltem gyermeket,
ezért építettem reménykastélyt,
hogy álmaim megfagyjanak
egy májusi éjjelen ...?

... és kérdez az Ember ...

Ott, ... majd az Új Otthonban
vajh jobb lesz-e sorsunk,
vagy onnan is kergetnek a semmikbe? ...
követni fognak bennünket oda is
az új világ Ős-baktériumai?
a gyűlölet?
mely majd megfertőzi ott is az élő
Embergyűrűt ...?

Tovább! Tovább! az ősi Róma űz,
és mi Krisztusok vagyunk
az Élet keresztfáján ...

üldöztetve vagyunk mindenfelé ...

Hová ...? Miért ...?

... kérdez az Ember ...?

... És eljő a nagy csoda ...

Örök pihenés

Az élet pezsdül,
forog, kavarog,
robban, sikolt.
Hiába Ember maradok ...
s hiába akarok,
hiába küzdök,
jön a vész,
s elesek, mint annyi más ...

táncot jár az ember,
mint fáradt színész,
de ne nézd,
jaj ne nézd,
mit mimikál a láb, a kéz,
ne nézd az áléletet,
ne lásd, ha víg vagyok,
ne lásd, ha könnyezem ...

mint bimbó a mocskos vizeken,
úgy úszik e moslékban életem,
úgy fárad el lelkem,
mint hajó, ha kifogy a szén ...
és én megállok csupaszon,
s látjátok ki vagyok:
irtózva sikoltok ...
pedig én is Ember voltam,
Ember ... ma por ...

Mondjátok: megnyugszom egyszer valahol?

valahol csendes nyugalomban,
hol nincsenek vágyak,
nem égnek lángok,
nem hörögnek szájak,

s nem fáj a lét ...

- talán megpihenek majd valahol,
valahol, csendes nyugalomban,
- örök nyugalomban ...

... *és eljő a nagy csoda* ...

... és eljő a nagy csoda,
midőn majd tűzszekéren
eljön a menny messzeségeiből
a Messiás – korszak mámora ...

... így mesélte az én Nagyanyám,
imádkozás után szombat délután,
mikor leültünk lábaihoz mi: kis unokák
és hallgattuk csodálva drága szavát ...

"midőn majd az elnyomásból
nagy folyó leszen,
és ha majd a szenvedésből
sivatag lesz a Föld,
meglátjátok majd Ti: kis unokák,
hogy beteljesülnek akkor álmaink,
és nem lesznek többé földi vágyaink" ...

s míg Ő: a nagyanyó így beszél,
az ablakon befú a nyári szél,
és mi megálmodtuk a nagy és szent csodát,
mikor boldog volt öreg-fiatal,
mikor miénk volt mégis az utolsó diadal ...
(de közben felébrednék...)

Ima

Te érthetetlen égi Ur,
aki éltet adsz és veszel,
Nevedet áldón zsongja a rét,
az erdő, a liget, a fa, patak,
dicsérve legyen a Te Neved,
imát zengjenek az emberek,
magasztalva Téged égi Ur,
érthetetlen Istenünk ...

Jöttünkben és mentünkben,
áldjuk a Te szent Neved,
és szívünkbe vésve hordozzuk,
a szináji tekercseket ...
és dalolunk minden nap,
ha jő a reggel, s ha zeng az éj,
alkotónknak, teremtőnknek ...
jöttünkben és mentünkben ...

Kérünk hát Téged: Égi Ur,
hogy nézzél reánk most, ma is!
küld le megváltó angyalod
és légyen a Te akaratod
a világűr mélyében.
Légyen úr: Szeretet,
és legyenek boldog emberek,
imádkozunk mi e napért,
és kérünk Téged égi Ur ...

Találkozásom Messiással

Az éj rejtett néma sötétjében,
mikor ezernyi csillagfény mellett lelkem
nyugtalan,
mikor a Hold aranyfénylő sugara tűz be
ablakomon,
találkozom Vele, és kérdem, mikor lesz vége

a gyötrő kínoknak, melyek immár kétezer éve
könnytengert alkothatnának, könnytengert a
lelkekben ...
látok nemes arcán mély barázdákat könnyektől
befutva.
Hát valóban Te vagy az, kit évezredek óta
várunk
epedve,
valóban Te vagy az, ki vállidon megváltást hozol
az emberekre,
Te vagy az: ó, szent Messiás? ... de mért – ó –
mért e könnyek?
Talán sajnálod a hitvány ember-férgeket?
ne, ne soha, soha ne sajnáld! Bűnös mind, féreg
lakozik bennük,
s csak azért teremtődtek erre a világra,
hogy az Alkotó Mindenség szégyenére váljanak.
Ember? ... hitvány érdemtelen teremtmény.
de – jaj – mégis, mit siratsz Te, szent?
Bennünket zokogsz, bizton hiszem, nyomorult
sorsunkat siratod,
ó, jaj, nekünk, ha már Te is sírsz ... mutasd,
mutasd az ösvényt,
melyen áthaladhatjuk szörnyű sorsunk
balvégzetét...
vagy már annyira vagyunk, hogy bennünket
megmenteni nem lehet?

47

mi már csak pusztulni fogunk,míg csak el nem
jössz? ...

... jöjj hát akkor szent Messiás, jöjj bár
tűzszekéren
és mentsd meg, mentsd meg az Embert ... !!!

... felébredtem, vagy nem is álmodtam talán, ...
nem! nem álmodtam én, látom még mindig, mint
int felém ...

- szörnyű vihar volt az éjjel ...

Isten és én

az első napon megfogta kezem,
és – elindult velem ...

... amerre jártunk, zöld volt a határ,
gondtalanul repdesett ezer madár,
intettünk füveknek,
pattanó rügyeknek,
gyümölcsös fáknak,
az egész világnak ...

s Ő szólt: Tavasz van fiam ...

mentünk tovább ... tikkadó ajkamat
forrás vize csillapította,
én mohón rohantam a vízhez,
Ő szólt: lassan, - vigyázva igyál ...
(a szerelem szomja volt a nyár ...)

a messziben, ködös, esős világ
várt reánk,
s mintha kökény csípte volna
fanyarrá a szám,
már nem tüzelt, nem izzott úgy,
már nem volt édes a csók,
s a szél, mintha hegedűvonók
húzták volna, - sírt ...
és égő könnyem lefolyt a semmibe ...
sárga leveleket gereblyézett a csősz,
a hanyatló napsugár súgta: Ősz ...

49

... aztán jött a tél,
éreztem, hogy már nem tartja kezem
oly erősen kezét,
félőn suttogtam nevét,
csak a fagyos világ
visszhangzott reá ...
most döbbentem először,
hogy Ő vezet,
Ő fogja kezemet ...

... aztán lehulltam én is,
megfagyott szívem,
hörgés lett énekem ...
versenyt dalolt velem a szél
... ez volt a tél ...

így jön tavasz, nyár, ősz és tél,
lesz hajnal és lesz szenvedély,
a napsugár ott ég Isten egén,
az éj ott súg a fák között,
s megbújva a Minden mögött,
így megyünk utunkon, ... Ő ... és én ...

Látjátok-e? ...

Nem látjátok a Mindenségben,
hogy véreteket szívja az Idő ajaka,
nem veszitek észre, hogyan rohan céltalan
a ki nem fáradó Élet-paripa? ...
száguld, mert élte örök,
de a Te életed az Űrben s Időben pillanat,
elmúlsz, mint sok millió,
megszűnik Ész, Tehetség, Akarat,
... és ugyanez a körtánc már az Anyag születése
óta ...
élni, vagy nem élni egy a valójában,
hisz az Egyén élte nem élet a térben,
a Tömeg pedig millió egyén ...
mert a megszületett Élet még Titok,
s míg a fátyol fel nem lebben
addig a Te élted Űrben, Időben, Térben
- pillanat ...

... mert mi is ez az élet? a pokol maga? ...
kit büntetni akarnak, megszületik a földre?
s Élet majd csak a Halál után leszen,
vagy most vajúdik kínzó szenvedéssel
valahol a mélyben a Béke vérét szíván? ...
Mert csak a Háború után lesz Béke,
s míg a fátyol fel nem lebben,
addig a Te élted űrben, időben, térben
- pillanat ...

mert hullunk, mint ősszel fa levele,
leszünk, mint tavasszal fű a réten,
égünk, mint nyáron a tikkadó ajak,
s elfagyunk, mint télen a langyos fuvallat ...

51

tükörbe nézzetek, tegnap még duzzadó keblek
ringtak,
és izmok harántja mutatta a Férfi erejét,
ma petyhüdtek a mellek, és csontosak a karok,
elmúltak a vágyak, és nincs szó: akarok!
vagy összetört a Tükör, melyben láttátok
eddigi éltetek minden vonását?
s ha összetört, vajh melyik volt az utolsó alak,
melyet a tükör magába felragadt,
hogy aztán leejtse azt ... ?

mert hibáztok, hogy nincsen tükrötök,
és nem látjátok a ráncokat, melyek Új Élet
fogatán
rohanva Új Halálba visznek ... ?
vagy mit Halál, ... tagadom, nincs Halál, csak
Élet,
Élet volt mindig egy és ugyanaz,
és élni nem komoly, hanem színi-játék,
hol a főcél az, hogy ügyesen játszunk ...

... és égünk, mint nyáron a tikkadó ajak,
elfagyunk, mint télen a langyos fuvallat ...

lássátok, míg látni lehet, hogy véreteket szívja
a Titkok síri mélyén, Új Életre virradó
Halál ... !

Megismerés

Örök melódiák

Egyre várni a kongó harang szavát,
sietni, rohanni egy Életen át,
rügyezni, fakadni édes szerelembe
és kínozni egymást csók-gyötrelembe ...
ezért születünk-e ? ...

kongó harangszóval röppenni a légbe,
eltűnni örökre a titkos messzeségbe,
mondva, hogy éltünk, csókoltunk – és vágytunk,
és egyszerre mostan így megálltunk
valahol a mélynek mélységes mélyén ! ...

De magunkkal vittük örök ifjúságunk,
örök szerelmünk, örök ifjú vágyunk,
örök csókunk éltető kéjét,
elvittük magunkkal a gyönyör zenéjét,
elvittük magunkkal, de csak emlékbe,
felvittük lelkünkkel az örök messzeségbe ...

Sors

... ha meggyötör a Nappal,
ha kínoznak az Álmok,
- Új Holnapot várok ...

... ha véres lesz a testem,
és érzem, hogy elestem,
- majd ismét felállok ...

... ujjongok Tavaszban,
égek forró Nyárban,
- és elhervadok a Napsugárban ...

... és Télen elmegyek
ismeretlen Rétre,
Örök Békére ...

Néma suttogás

Perint partján
suhognak a fák,
bokrok zizzennek,
felhők zokognak,
sejtelmesen súgják
fűszálak az égben
az érthetetlen élet
érthetetlen célját ...
- megállok egyedül a sötétben ...

szívemből feltörnek a hangok
sírva döngetnek,
csillagok nevetnek,
kinevetnek engem,
mert én mindenhol gyászt látok,
mindenhol kopjafák merednek felém.

mert itt csak a könny enyém, a szenvedés.
meghalt minden már e földön?
a szép, a gyönyör, az ifjúi tűz?
a vágy, a cél hiába űz?
én már csak temetni fogom magam
minden néma éjszakán?
és a sok könnytől a hajnal fényben
véresre sírt lesz párnám, ... ?
hát lehet számomra ez az ítélet? ...

... és én mégis remélek ...
testemben már kigyúltak a tavaszi lángok,
és Alkotóm előtt mint Ember megállok,
meztelenül, úgy, ahogy teremtett az Élet,
és kérdem, hát én mért vagyok más, mint a
többiek?

az én testem, lelkem miért ostorozza a lét?
hisz én is ép oly bűnös, vagy erkölcsös vagyok,
én is ember vagyok, és a sóhajok,
melyeket a csendbe suttog ajkam,
dalolják: ifjú vagyok,
miért kell hát nékem alul maradni? ...

... mert a forró lehelet,
a szédülő kéj
engem is kerget,
s a láng ereimben útra kél,
hogy végigjárja
agyamtól-combomig
minden zegzugom,
hogy érezhessem,
az vagyok; aki vagyok,
és szédülve hihessem,
hogy lehullt a bilincs,
és suttoghassam,
különbség nincs,
nincs többé már ...

... de jaj, mit ér a néma suttogás ? ...

Megismerés

erdők gazdag zefír-pázsitján,
hegyek dörgő bércei között
találtam meg álmaim kelyhét,
a vigasztaló édes szerelmet.
szőke tébolyító haját
a kacér szellő lengette,
és ajka oly hívón piroslott,
hogy szívem szinte beleremegett.
... és hogy Embert látott,
csodálkozva nézett reám,
és találgatón kutatta ruhám:
vajh ki lehetek? ...

eljöttem a város penészéből,
a hegyvidék üde ormaira ...

csak megálltam, mint csodálkozó madár,
ki elé az Ember üdítő magot hullatott,
és azon töpreng, hogy megízlelje-e ? ...
néztük egymást nemünk nézésével,
teli tüdővel szívtuk a tavasz illatát,
csodálkozva néztük arcizmunk játékát ...
felettünk madár dalolt,
amott kakukk kuvikolta énekét,
s az erdő mélye titkos hangokat pengetett,
az őz, a rigó beleremegett
a nagyszerű fenségbe ..

majd levetve az Ős Természet öltözetét,
az Illem buta köntösét rángattuk magunkra,
és profánnak látszott a megismerés,
mintha újat hozhatott volna nekünk ...
elfordultunk ... én keletre néztem, Ő nyugatra,
és lüktető aggyal vártam valami csodát,
valami egészen új csodát ...

sóhajtottam, és elmentem
a kéklő csúcsívekhez,
- és magára hagytam Őt ...

Mire lehullunk ...

Te benned zúg, harsog a mélység,
lelked ezer vágya bömböl, sikolt,
ám rajtad nincs tenyérnyi folt
sem, mely elhomályosítana ...

Drágám! A kétség az Élet tana,
mely kavarog, kuszált, robbanni kész,
és ne hidd, hogy a tanácstalanság vész,
mely elejt a viharban ...

talán kissé groteszk, vagy prózai,
hogy leírva szavakban,
könnyel szememben, égő fájdalomban
elmondom ezt Neked ...

csak így tehetem, mert – fájdalom –
a lélek néma, ... egyre sír,
s míg el nem nyeli a titkos sír,
a test küzd véle untalan ...

égünk, hamu vagyunk, szikra, lobbanás,
Ismeretlen, Ismerős, mindig más és más,
érzünk, tudunk és tudatlanul
keringünk a világban,
mígnem lelkünk
a mélységekbe hull ...

NAPFOGYATKOZÁS UTÁN

NAPFOGYATKOZÁS UTÁN

Nekem még éjszaka susog,
de a Duna felett már ébred a nap.
Úgy elhallgattalak,
úgy elnéztelek,
aztán mint romos utak között a szél,
útjára szédült a vér ...

A Duna már ébredni látszott,
elébb még csontot és roncsot lökött a partra,
de aztán úr lett arcán a fény,
visszaverte sápadt arcomat szemén,
és vonzott, mint tűzbe bomlott száj,
asszony-öl, titok, minden, ami fáj ...
És visszasírta a Duna-torok:
„Napfogyatkozás után még éjszaka susog."

Kerestem bőröd áttetsző erén
a régi órák elhalt pulzusát.
Szemedben néztem Éva szemét,
hajadban csodáltam anyám haját,
aztán hallgattam a csendet, mely susog ...
Tudod: Germániában égtek a krematóriumok ...

Akkor nyár élt és élt a halál.
Lángnyelvek keresték a fekete eget,
apák és testvérek hamuja szállt
a villanysövények huzala felett,
és egyre csak vakult és éjbe hullt az élet.
A nap évezredes kohója kihűlt,
s igába törve mind, a büszke népek
szemén a végzet égett álma ült ...

Tudod, volt perc, hogy azt hittem, vége ...
s eljöttek régről haló muzsikák,
anyám szája sírt bele az éjbe
s mutatták az árnyak feledt mozdulatát,
alkonyokban templomok harangja búgott
kopár és halott mezők felett,
és elszakadni nem tudtak múlttól
a napfogyatkozásba őrült emberek.

Jó most elmondani, hogy az éjszakában
keskeny sáv hasadt a nap vakult szemében,
hogy útjára indult romok felett
keserű könnyem s halódó vérem,
hogy szemed mutatja halott száz színével
az elment idő bűnös éjjelét,
és szemed mutatja száz élő színével
az ébredő fények fényjelét.

Már csend alszik bennem, megnyugszik a
mélység
s a langyos szélben felszárad a múlt.
Még nézem a Duna hívó vizét,
de ami vonzott, már messzire nyúlt,
új erők ébrednek az elzsibbasztott testben,
izmok feszülnek a nap alatt,
s megindulnak lassan most az úton
megújult erővel, - megújult szavak.

ISTEN VELED, APÁM!

Már ősz játszik a kertben ...
rozsdás emlékek csikorognak az úton ...
Én jól tudom, hogy elmentél oda-túlra,
s nem látlak már soha kipirulva
midőn a népet véded a fényes tej-úton ...

Legyen a Tiéd ez az őszi ének,
Nézd ... vének lettek itt az emberek ...
ráncaik mögött kitárt sírok állnak,
pupilláikból ellobbantak az álmok ...

... Hát kidobott a nép, amelyért síkraszálltál,
s akartad, hogy itt ne álljanak bitófák,
hanem bölcs és ősi rend honoljon végre ...
Látod – kár volt ... ez lett a vége,
hogy hálából és tiszteletből
hajbókolva és kalaplevéve
rabbilincsbe fűzött Öregúr ...
Régi harcos – nagy idealista ...
Most mea culpázva sírnak Téged vissza ...

Asszonyodnak volt igaza ... lásd be ...
Nem érdemes a népért harcba szállni,
hunyt szemmel kell itt az utcákon járni,
hogy ne lássuk meg a nyomort és közönyt ...
De Te messze láttál, túl a sok határon
Mert láng hevített kor ifjúságban
Te érzékelted Páris Eiffel tornyát
s tárt füllel hallottad Moszkvából
hulló bilincsek szavát ...
Hát hinteni akartad vak éjszakában
vak népnek a fényt: a demokráciát!

64

Nem tudom, hogy merre van a sírod?
És nem tudom, hogy ölel-e a föld?
Hogy hová hulltál az utolsó percben,
mikor az élet éjszín könnyet ölt …
Jaj, nem tudom, hogy érezted-e akkor,
hogy puszták felett is virrad a nap
s csodás erővel pattannak a láncok
és felsikoltanak szabadult szavak …

Isten Veled … öreg szocialista!
Ne félj, már nem úr a rideg erő …
Már nem ráncigálnak éjszakánként
elvtársakat az ágyakból elő.
Kihunyt a vér … és lassú lüktetéssel
dobogni kezd az új világ szíve …
Szervusz apám … vidd ezzel a verssel
az új világ szavát … fel – a messzibe …

AZ UJ EMBER VERSE

Úgy alkonyatkor a germán hegyek ölén
Jéghideg percek úsztak ég felé,
S árnyékok jöttek az erdők alatt.
Úgy éreztem, hogy meghalok.
Ezer emlék véresen felszakadt
S mint kit a villany-sövény árama ért,
Régi magam a földre hullt,
A germán éj szívembe szúrt.

„Halj meg, Te huszonhárom éves,
Ki eddig csak könnyeket figyeltél
És vért szagoltál minden éjszakádon
Szemedre nem ült, csak lidérces álom,
Ölelésed meddő volt, mint élted,
Csak temettél mindig mindent mindenütt,
Hiába lobbant asszonycsókra véred,
Szomjas vágyad száradt kútba nézett ..."

Most messze mész a régi véres tájtól,
Szürke égtől, fáradt napsugártól,
Lobbanástól, mely mint a rakéta
Halálszín éjbe vörösen repült,
Aztán mielőtt célhoz ért el,
Közönyös vak éjszakába dűlt.

Ellobban lassan minden emlék tőled,
Már alig látod halott szeretődet,
Őszi lángot a kályhák húsában,
Déresőt anyád fehér haján,
Ellobban minden cél és álom,
Hazád íze lassan elrepül,
És itt heversz a mocsártestű tájon,
Ködökben, holtan – egyedül.

S akkor minden nagy jelenet nélkül,
Megöltem magamban sok-sok régi percet,
Kiégett szememmel a villanydrótra néztem
S megérintettem. Hallottam, hogy serceg;
az irtózatos áram földre sújtott, élt a sikoly,
Aztán csendes lett minden,
Csupán a völgyben visszhangzott még valahol.

... Aztán felálltam a jéghideg földről,
Izmok mélyén új erők szaladtak,
Gondolatok születtek meg furcsán,
S a gondolatok új célokat adtak,
Kihunyt vászonról a régi ember élte,
Új vonásokkal, új arc remegett,
S nézett újjászülten a halálfejes népre,
Mert a sír partján új ember született.

Megálltam a halottnál még egy percre,
És búcsút mondtam a régi tájnak,
Istenhozzádot a sírba mentnek,
Holt szeretőnek, halott apának,
S hogy lehullottak a súlyos nagy göröngyök,
Még néztem a sírt a germán éjjelen,
Aztán megindultam a hajnali úton ...
S az újjá lett ember jött, jött velem ...

ÁMON SZÜLETÉSE

Kinyíltak tegnap Gizeh mellett
évezres pecséttel zárt súlyos kövek,
Fáraói lelkét széttépte az éjjel
s nyögették a port hatalmas szelek.
Lent mélyben zúgott az örök tenger,
s a központban baj lett a távíróval,
mert akkor Európa sem válaszolt már vissza ...
ájult volt az éj, mint kábult spiritiszta ...

Sok piramis még szétterpesztve állott,
de a rab nép, mely világnak emelte,
rég szétszóródott a néma sivatagban,
csak a por hirdette olykor éjjelente,
hogy valahol, valamit épített az ember,
káromló szóval, véres, könnyes szemmel,
s belelehelte a kövek tengerébe,
bele akarta a felszakított mélybe
szörnyű, átkozással és furcsa álmodással
Ámon születését.

A kő beszélni kezdett, s a por beszélni kezdett,
égbetört gúlák hegye közt megálltam,
furcsa egyedüllét a szívembe rémlett
és népek könnyét szitálta terhes éjszakában,
s mint megrepedt ajtón a napnak sugara,
omlott agyamból évezredek múltja
s visszhangzottak emlékek a porban
s az elsötétült lélek Ámont akarta.

És ő jött, mint ki csak tegnap vált el,
ült a piramis egyik kövén,
nem ismerték meg a győztes népek,
kik tankokkal robogtak a sivatag ölén.
Reflektorok néha megvillantak,
Ilyenkor szeméből visszaszúrt a nap
és belevilágítottak a sivatagban
isteni mélyből felszökő szavak.

Néztük együtt a rohanó gépeket,
- Ő szólt: Európa messze eltévedett
s most itt kergetődzik a Szahara porában,
Pedig oda-túl a tornyok porba nyúltak,
milliók mély gyászba hulltak,
s a gránátok sikolya minden ...
Oda-túl meghalt már rég az Isten ...

De holtak helyére, ősi mélységekből
eljönnek majd új nagy álmodások
talán még meglátod,
hogy eldőlt nagyságok csontján sír a nép.
De újra szülni boldog
nemzedéket, nem egyszerű,
ha bömbölnek a megafonok
s vad ritmusra törvényt kér az éhség
s az utcákon szakadt ruhában jár a népség
s lázító sikolyt küld éjbe a nyomor ...
Mint itt egykor ... láncra húzták
a férfiak kezét és asszonyok ágyékát
véresre nyúzták
blazírt és kifáradt fáraó-herék.

Engem okolsz? Az ember ilyen ...
Nézd: most modern zenére sikolt a torka,
közben a gyárak és kartellek új láncra kötnek
s undok arany hasít szép asszonyaitokba,
- s ők a hűségen markukba röhögnek.
Mondd ... mit keressen a nap a hangulatfény
mellett?
Jézus-isten világa sírba dőlt
Germániában tegnap új istent emeltek
s vérző pipacsokat szült a föld.

A derengést várod ... Biztos éjbe nézel,
Ha éjbe mész, felcsillan már a nap,
itt holt fáraók örök kövén
elsúgom: az élet mégis mindig megmarad
tele iszonnyal és tele álmodással,
tele sárarannyal és tele fénylő sárral
tele nászággyal és tele sikoltással,
szűzzel, szenttel, utcalánnyal,
változással és maradással,
megmarad ...

A holt fáraók ma végleg szétrepülnek,
mert változást ígérnek fényes csillagok.
A tegnapi istenek a porba dűlnek,
s ősi istenek lángja fellobog.
Fényt hint ismét szét a nagyvilágban
két szemen át Ámon-Rah, a fény,
s hirdeti az elnémult Szaharában:
ítéletét a holtak kövén ...

ORKÁN A TIBERIS FELETT

A transzparensek még aludtak,
De a szél már szíved felé hajtja a zenét.
Figyelj csak öreg folyam: éj van … és szerteszét
az árnyak pajzán táncot járnak,
férfiak csókolják már asszonyuk szívét …
A gyönyör felébred százezerszer
És Szent Péter templom kupolája felett
Csókok járják szélként az eget …

„Adj bort és kéjt Oktávia" …
S a folyam mellett zúgtak a népek,
Sikátorokban ébredtek a rémek,
Sikolyok kéltek harcra árnnyal,
éhség sírt az éjbe lánccal,
őrület kormányozott a hidak felett,
s már nem közölték néppel az ítéletet,

csak bilincsbe fűzve a római gályák
vitték tenger felé a halál uszályát …

S a kandallóban ég a nyári tűz …
V/1 lövi Londont nappal-éjjel
Tele hintették az utakat vérrel
hősök, ártatlanok és lovak …
s a folyam felett az őszi szélben
Néró arca él sötéten …
S miközben rakéták szelik az eget,
Hét fáklyából hét láng kél Róma felett …

Két őrület harcol a hidak ölén,
Két vezér árnyéka csapdos a szélben,
Összefonódnak évszázadok,
ugat a dzsessz és ősi dalok,
de egy akarat bujkál a sűrű titkos vérben,
egy irtózat dönti kétszer porba Rómát,
egy lánggal lobog a diktatúra réme,
egy könnyel folyik az ártatlanok vére,
s a nép – a nép: csak egy sikolyban él ...

Mindent tudó folyam: idézlek ez órán,
mikor a pernyék korma kiapadt,
hogy szörnyű méhedbe zártad már
az elmúltakat és elhulltakat.
Tükrödbe nézve felsír a sziréna
s hullámaid között centúriók zaja
Mondd ... két partod combja közt kiforr
a jövő álma valahol ...?

Hazudott minden ős folyam ...
Kultúra nevében hazudtak az eszmék,
Mind, mind Wotan gyilokját keresték,
minek mondjam; hisz úgyis tudod ...
Fényes keresztek hazudtak a napban,
szószékek hazudtak hideg templomokban
apák hazudtak és anyák dobták messze
gyermeküket, ki a vért kereste ...

Nagy folyam, Te mindent, mindent láttál,
vezéreket imádtál, bálványt szolgáltál.
Arcra hulltál Angelo fénye előtt,
s ringattál utcalányt, apácát, szüzeket ...
Pirandellót láttad Henrik tróntermében
népeket láttál megfagyni a vérben,
múltat és jelent örvénylett a mélyed
feneketlen éhes volt a szenvedélyed ...
Az éjszakában most, hogy felsikolt a vér,
feleletet kérek az ártatlanokért ...

Milliók zúgnak most az éjben,
holt szellemek kúsznak a szélben,
őrült anyák sírnak hullámod felett
és követelik Tőled a feleletet,
Róma méhe tátong: kihányja a múltat,
s véres testtel járnak, kik itt porba hulltak,
a Via Appián Jeruzsálem népe
láncait széttépve sikolt a sötétbe:
leigázott népek, porba döntött álmok,
hullámaidtól feleletet várnak,
mert minden elégett, minden porba omlott,
Néró felgyújtotta mind a hét szent dombot,
az új Vezér sárba lökte a Szenátus fényét
csatornákból szívta a poklok szenvedélyét ...
Jaj, Róma meghalt, csak Te élsz még, folyam
kétezer év óta boldogtalan ...

S a Tiberis őrjöngve vágott
szellemek szavába száz sötét hullámot,
vértől veres méhe felszakadt

LÁNGOK KÖZÖTT

A tornyok halálos árnyékot dobtak.
Sikolyt harangozott az ősz.
S ha majd álmot szősz,
vagy félsz, vagy nevetsz,
és szememben megoldást keress,
lásd meg a halál felé vezető utat,
s lásd, hogy meghaltam már egy éjszakán.

Eljön majd anyám
a nap fáradt színeiből.
Jönnek tomboló tengerek, alkonyok,
ködökbe hulló nagyvárosok
s elém tárják testvérem, apám szomorú szemét.
Figyelj: szellem vagyok én a halál után.

Kísértet, aki eljött álmaidhoz
s egy őszi éjszakán felkavarta az emlékeket.
S hogy csókra nyílt a tested és a szád,
szívta a könnyet, mint földek a csodát,
melyből egy tavaszon talán élet fakad.

Hát lehet és szabad élni megint?
Holttesteket átlépve és feledve a kínt,
mely meddőn hullt sírba,
apa tört szemét ... mélybe hulló testvért ...
és asszonyt, kinek mindent köszönhetek ...
Hát szabad? Lehet?

Orkánok, söpörjétek fel az utat,
szívjátok magatokba a vért !
Hulljatok ködbe, éjszakába gátak,
hogy semmit se lássak !
Csak ébredjek szemed pupillái közt,
ahogy tengerszemek örvénylenek
hajnalokon erdők és bércek között,

s tudjam, hogy minden elköltözött,
hogy lehullatták erdők az életkoronákat,
hogy porba dobták bércek a magasba tört imákat.
Szülessek újjá szemed fényiben,
s ne érezzek mást, csak kezed
simító szeretetét, szád hívó melegét ...
Ahogy tengerszemek sem sejtenek egyebet,
mint naptól öntött hajnali eget.

CSEND A BARRIKÁDON

Tegnap sűrű pernyék jártak táncot
és Anatole France álma felhörgött
a Montparnasse-on, éjsötét ruhában,
rémek jártak utcák között,
ablakok, mint vakult szemek néztek,
szobák sötétje, mint kilobbant pupilla élt,
s mi álltunk a Rue de Calais mellett
barikádod ormán a francia honért ...

Lángszórók és tankok harcra hívtak
és ostromolták dacos barikádunk,
folyt a vér – az ember földre hullt,
de mi feleltünk és mi szembeszálltunk,
erőnket acélozta a távoli dörej.
Csak néhány óra még és Páris szabad,
vérben és könnyben harcoltunk hát,
mi maroknyi szabad francia csapat ...

Mert Rólad volt szó Ember, Terólad!
Voltaire, Verlaine, Beandelaise állt a bástyán,
s többről volt szó, mint hazafiságról.
Európát védtük bátran és árván,
mert mindenütt kihullt gyengékből az élet
s csak itt élt még a Rue de Calaisen
hanyatló világból elhaló fényjel,
s csak itt csillogott fény az emberek szemén ...

Mert Rólad volt szó: Szerelemről,
asszonyok vonagló, hajnalszín húsáról,
a Petit Magazinról, kokottokról,
Páris őrjítő léha ritmusáról ...
Bordélyokról és mellékutcákról,
hol ingyen és pénzért forralják a vért.
Véreztünk a bástyán, maroknyi ember
a bűnös, a csodás, a régi Párisért ...

Mert Rólad volt szó: Kultúráról,
Gyárak és műhelyek becsapott népe.
Érted adtunk minden cseppnyi vért,
hogy egyszer már Te is jóllakhassál végre
hogy sápadt arcra fessen életszínt
a munka értelme: kenyér és szellem,
Álltunk a bástyán a ránk zuhanó éjben
- akkor már csak ketten ...

És Pierre szólt: Henry is elment,
és lenézett a vérző jó barátra,
s amint a földről felemelkedett,
egy eltévedt golyó szívén találta.
Halkan felsikoltott – vér buggyant a szájon
aztán csend lett és zizegett az éj,
s már egyedül álltam a véres barikádon ...

Mert Rólad volt szó: Anyám, Terólad ...
Megőszült hajadról, megsárgult kezedről,
gyerekkori esték furcsa melegéről,
mely egy késő éjen a szív mélyéből csendül,
dalodról s a sok-sok tanításról,
melyeket idővel fénybe von az álom,
ezért nem roskadtam és ezért maradtam
egyedül, francia – halott barikádon.

AZ ERDŐ VERSE

Csak neki indult minden éjjelen
a sűrűségnek és a vak halálnak
sok élet, s nem villogott más csupán
távol ágyuk torka, lecsapott bomba
s a lélek mélyén lapult félelem …

Ha fegyver tüze lobbant utánuk,
volt, ki ilyenkor a földre esett,
mint őszi levél, ha ideje betelt.
S mire az alkony ráesteledett,
már alig volt piros a föld.

Tíz napja már kenyér és víz nélkül
reszketett erdő mélyén ember, állat,
csontjukra fagyasztották a húst
a halálfejes brigádok:
ítéletet ültek Nagy-Germániában.

Asszony s testvér képe fel-feldermedt,
de vágytól tüzes csók már nem hívott,
éhség és szomjúság ülte az éji vermet,
s magába nyelte a sok meddő sikolyt,
nyelte magába a hóhérkacagást.

A völgyben hívott a puha kenyér,
meg a korty víz, s egy jó szó talán,
hogy: - „Na testvér, már eleget kínlódtál te is,
pihenj hát … s vár, míg elapad
a nagy vihar … Tudod egyszer nekem is volt
anyám. „

S mire a völgybe szédült aggyal ért,
vékony kabátját, hol vörös jel égett,
megragadták a germán pribékek,
s az éjszaka nem hallott mást,
csak egy sikolyt – egy kattanást.

Mély volt az erdő, egykor sorsnak hívta,
mikor könyvtárszobákban
hívott Shakespeare, Goethe, Freud,
s az alkonyi nap remegett be
vörös fénysugárban.

Sokszor ült itt. Néha az asszony is benézett.
Sötét haján vöröslő lángban égett
és bukdácsolt a nap. Szemében álmosan úsztak
az eltelt évek, s a pupillák szűk körében
ültek az ellobbanó régi szenvedélyek.

Élt a műhely, hová eljárt napestig
és szolgálta a tőkét. S csak néha derengett beléje,
hogy másnak hordja a rönköt: ereje apadt,
lassan holttá lett az ágyék,
s meddőn folyt csókja, mint fáradt patak.

Kihunyt a nyelv, melyre anyja tanította egykor,
nem tudta, hogy francia, orosz, olasz, vagy
mifajta ?
Eljött a hajnal: robogtak a gépek,
reszkető szívvel nézte a hernyótalpat
s égre tárt karral éheztek a népek.

Reszketően féltette asszonyát,
ki gömbölyödő testtel az életet várta.
S ha belehallgatott szíve ritmusába
az kettősen vert … Nem akarta az éjnek
odalökni gyermekét s az ágyúszenvedélynek.

Csak messziről ért hozzá Karl Marx neve.
A szocializmus és szabadság csak akkor érett
szívében teljességgé, mikor húsát kezdte tépni a
fegyver
s hiába mea culpázott ködben élt százezrekkel,
lelkén ült az éj s ledöntötte az Eiffel tornyot.

S végig égette a városokat Sztálingrádig
s úgy söpörte asszonyok fehér testével és
gyermekek vérével
a balkáni utat, ahogy Hollandiát és Belgiumot
elsöpörték egy pillanat alatt,
és égtek a gyalázottak, a kisemmizettek és a
templomok.

Lelkében megmozdult az élet ős törvénye,
s beleharsogta ablakon át az éjbe:
Hazugság ! Halál ! Ébredni kell !
S ezalatt az ágyban vérben, forró lázban
az asszony méhéből az élet létre kelt …

Vak volt az éj, s még a gázlámpák
fáradt lángja sem imbolygott az éjben,
mint űrbe rejtett gyöngyszem.
S hullt süket fülek mellett mélybe
a szó, nem remegtek hazug falak.

Most szomjat olt a fű ... és a föld íze olyan,
mint a könnyé ... Homlokából csillapítón hull
a vér ... S eljönnek nyári színek közt
Emberek, kiket alig látott és mértani ábrák
tört síkján sír felé, vagy nevet egy szem
mozdulatlanul.

Riad egy régi tüntetésre, mikor a műhelykapu
mélyén
állt s széles utcákon zúgott a tömeg
követelték a jogot és kenyeret ...
s most mint pohár vízben megtört kéz
törten emlékezik: vörös szegfűt szakít
gomblyukából a rendőr és arcába néz.

Harminchét év után vajúdik benne a kérdés - :
miért ?
S tombolni kezd mélyén az ősi vihar,
sikoltani szeretne a vérkönnyes éjbe:
Hahó megálljatok ! Ne hulljatok a mélybe !
Újra kezdeni az egészet !. Ne így halni, mint én !

Örök a csend ? ... Miért néma a vidék ?
Elébb még anyja hangját hallotta fülében,
valami régi szót súgott, most elhanyatlik
az emlék, mint árnyék, holt testvérre is hiába vár,
még nem látja közeledni vakult szemében ...

S hol vannak a népek, akik igában éltek
urak és nagyok ... Hol vannak az ágyúk ?
Miért nem harsogják a földnek és az égnek
ítéletét a buchenwaldi télnek ?
Miért kell elfolynia életre termett vérnek ?

Üveges szeme már látja a halált,
de nem nézi a csillagos lobogókat, melyeket
erős fény világít ... Nem érti a derengő eget
nem érti a föléje hajoló szemeket,
nem érti, mit zúg a hajnal csengő csendje ?

Nem érti, hogy hétszázan alusszák örök álmukat,
a taposott Európa minden tájékáról,
nem érti, hogy halált lehelt az erdő,
de csodákat beszél nyárról a derengő
újszínű reggel, mikor néma lett a gyűlölet.

S lassú kígyózással kanyarognak úton
autók, csillogó szárnnyal szállnak a gépek,
s a lobogók egy pillanatra meghajtják erdejüket
előtte, előttük ... kik szerencsétlen ködben
éltek és haltak, mert koruk szólalt meg titkos
húron.

Nem látja a földre hajtott csillagos zászlókat,
hétszáz megölt társa felett nem érzi
a hajnal játékos lüktető neszét,
ahogy minden ébred és hinti szerteszét
holtak felett a nap az életet ...

GULLIVER A TÖRPÉK ORSZÁGÁBAN
(Marosán Györgynek)

Ott élt a törpe nép között,
mely megkötözte az első napon,
hogy partra dobja a zúgó Óceán
és felállott a fényes hajnalon.

Dermedten bámulta a parányi nép,
mely földjén ily nagyságot sosem látott,
világnak gondolta a törpe országot
s nap felé nyújtotta parány kezét.

Még délelőtt a király is megjelent
s végig a parton zúgtak a népek
zászlókat vontak a parány hajók
s riporterek pergették a felvevő gépet.

„Mert nagyobb, mint ti s mert éjszín a szeme,
bilincsbe törve börtönbe vigyétek."
S felujjongtak a törpe népek:
„Éljen a királyunk ítélete !"

A börtönéj mély volt és ősi csend
honolt a fekete tájon.
Aprócska porkoláb néha be-bejött,
ha fázott kint a hűvös törpe éjszakákon.
Aztán mert unta a szomorú csendet,
meg unalmas volt a hosszú őrizet,
lócára ült és beszélni kezdett.
- Gulliver hallgatta az öreget.

„Tudja kérem, nem maga az első,
akit nyakon csíptek ott a tengerparton,
sok száz éve vagyok itt porkoláb,
apám jobbágy volt – én már többre tartom

magam, hogy túrjam örökké a földet
a földesúrnak, ki a markába röhög,
mert nálunk, kérem, ilyen törvény járja,
törpe országban a törpék között.

Volt, akit bántott, hogy ilyenek az urak,
s egy napon kinyitotta a pofáját.
Hej rég volt, hogy történt az eset -
- de nagy eset volt, a kutyafáját.

Égett a szék, mint a lángos máglya,
így égették el a lázadót,
aki azt hirdette, hogy nép lesz a király
- Szegénynek egy kis bogara volt.

De voltak sokan mások, Gulliver úr,
törpe országban betyár harcosok,
ha tenger felől fújt a furcsa szél,
megbolygatta szegényeket sok

mese, állítólagos országról,
hol nagyra nőtt a törpe nép,
elűzte mind a királyokat
s kezébe vette sorsának gyeplejét.

Ám az csak mese volt bizony,
a törpe, amán csak törpe marad …
Így volt s így lesz ez mindig, tudom.
Bitófára kötötték a szélhámosokat.

Aztán voltak itt sápadtképű urak,
kik tollat forgattak minden éjjelen,
S kérdeztek az anyjukról, a gyerekekről,
meg hogy mennyi a keresetem.

Az egyik közülük itt pihen
valahol a fák alatt,
de nótáját dalolgatják,
különösképp a fiatalok.

Agyában őrület vert tanyát
szemében furcsa lángok égtek
s Magáról is jósolt, hogy eljön majd,
de kikacagták mind a törpe népek.

Mert nagyra nőtt, hát elesett,
harminckét éves fejjel dőlt
a sínekre rá,
s a tehervonat megölte őt.

De most, hogy közelről nézem Önt,
és nézem magán a vékony láncot,
hát mán eszembe jut Gulliver úr,
miért nem járatja meg a táncot

a ficsurakkal, meg a tiszt urakkal,
meg őfenségeikkel, a hercegekkel,
mért nem rázza le magáról,
s szabaddá vált kezekkel

mért nem csördít úgy közéjük,
hogy eltűnjenek a tenger alján,
hadd csináljanak majd parádét
a sátánnak lakodalmán.

Gulliver csak nézett, nézett
aztán szólt a porkolábhoz:
„Eljöttem, hogy megnőjetek
én nem nyúlok most a lánchoz,

de ha fiad, meg a lányod
meg a szegény törpe néped
szétdöntik a börtön falát,
elfújom hát az egészet.

Egyszer én is törpe voltam,
messze innen erdők mélyén,
s hogy nem vert többé már a korbács,
nagyra nőttem a nap fényén,

a búzán, mely az én termésem,
a verejtéken, mely nekem véres,
magasba nőttem én, a törpe,
már nem vagyok szolga, nem vagyok béres."

Az öreg csak hallgatta csendben,
aztán hívta lányát, fiát
s ők hárman ott az éjszakában
széttörték a börtön falát.

Gulliver meg talpra állott,
rázkódott a véres tenger,
amint börtönéből éjbe lépett
ökölbe fonódott kezekkel.

S ahogy mesébe illek, kérem,
lidércek jártak táncot akkor
s ezrek zúgtak, mint a gépek
a furcsa forró pillanatkor.

S mikor a Királyi Várhoz értek,
s az első láng a kőbe vágott,
lángoltak hazug képek,
- Gulliver a népre nézett.

S mint tavaszon felszökik az élet,
magosra nőttek a pillanatkor
s meghaltak a törpe népek
király sírján alkonyatkor.

VALLOK NÉKED

Vallok Néked: két fekete szem,
Anyám szeme volt ilyen egy régi nyáron,
mikor a verandán egy este megcsodáltam,
s kocogtak bogarak a lámpa alatt.

Az álom puha mint indák karja,
zajoknak furcsa lába lesz
s mintha nagy terem lenne a világ,
messziről hallom apám szavát,
s egy kacagás mintha Tibetből jönne.

Ott járok most a furcsa hegyeken,
hol véres vággyal írta fel sziklákra
Gotháma az örök szavakat.
Virágba bomlott lugasok alatt,
jó csókodra ráemlékezni.
Pedig haj … - még messze vagy.

Csak huszonkét év múlva jössz egy éjen,
hogy szemed halott anyámról meséljen,
s a mélységbe hulló partok alatt
Tibetből hozd el az álmokat,
s apró zörejeket az utcáról.

Vallok Néked: anyám szemének.
Vallok mélyből most az éjnek,
mely hallgat és vár, talán
halálos várással reám.

KELETI BÚCSÚ

Kedves!
Ma hajnalban is orgonáztak vágyak,
s míg a vörhenyes nap tányérját néztem,
szívem azt ütögette, hogy egyedül maradtam,
s bár Isten könnyében – a patakban – nézem
sápadt
arcomat, nem láttam mást, csak két fáradt
könnyet
pilláimon. S a fent forgó nagy korong sem
vigasztalt.
Amint aztán magamra húztam a hajnal bíbor-
véres
takaróját és mentem tovább, mindig messzebbre
Tőled,
mellettem feszülő izmokkal bukdácsoltak a
mezők,
és gúnyosan csóválták a kalászok fejüket.
Mindenhol láttalak. Szerettem volna kitépni
emlékedet és fütyöltem, szembe nevettem a
széllel,
de szívem mélyében csak Te daloltál és a szél i
a Te nevedet hozta ...
Egy másik hajnalra eszméltem akkor ...
Kézen fogva mentünk egy nagy mezőn,
és előttünk csodázott az ezer-fényű tornyú
szent város, hol Buddha nevet telt torokkal
és báb arcukkal mennek eléje áldozni a lámák,
akkor is így rozsdázott a nap, de szívünkben
élesre fent volt a nyár
és szánkon vad volt a csók, szentebb
minden nagy imánál.
Tévelyedett úton járok most és szórni
kívánnám a sziklákról emlékedet,
hogy zúzva hulljanak alá ... - de nem lehet !

És arra döbbenek, hogy … igen – kereslek
Téged,
mint aki elveszítette drágakövét s most halkan
visszalépdel vigyázó lábbal a homokban,
és kutatja a járt nyomokat …
Csak ma tudtam meg, mennyire szeretlek !
Fejem alatt az ég nem volt ég,
s a föld lomha lábam alatt nem volt anyám …

Ha egyszer utadba kerül még emlékem,
ha Te sem tudnál elfeledni,
taposs kemény sarokkal reá …
és rúgd a vizeknek görgő mélységébe,
mert érdemes vagyok százszor taposásra,
érdemes vagyok a megtisztulásra,
érdemes vagyok a szenvedésre
és érdemes vagyok a csókodra is.
És ha egyszer éjjel lesz, s a Nagy-hegy felől
feléd lesnek a borzalmas szellemek,
és ágyad füve nem ringat úgy, mint máskor,
tárt szívvel hívj engemet, kedves …
s bár rontott csókkal, bár romlott vággyal,
de eljövök, hogy megvédjelek,
hogy támadjam a rémítő szellemeket,
mert véd és támad, aki szeret,
mert repülni tud, aki csendes csókra vágyik,
mert halni is kész, aki imád
és élni tud megint a halott szív is,
ha átjön a Nagy-hegyen egy sóhaj,
mely új életre hívja …

ÖLELÉS

Nézz a szemembe, én öleltelek,
ezek a szemek lángoltak szenvedélyt,
ezek a szemek esküdtek szerelmet Neked,
de nézd csak azt a régi lázas éjt,

mikor tizenhét éves álom kergetett,
akkor mindennek sok száz színe volt
s nem így hittem én a csók ízét,
mikor égre jött éjfél felé a hold.

Volt, hogy azt mondtam: Istent keresem
a szád ívén, a csókok perce közt,
s te rálehelted forrón: óh, igen, igen
és elhitted, hogy Istent keresni jössz.

Nézz a szemembe: ma megvallom Neked,
hogy Istent csak vágy nélkül kereshted,
nézz a szemembe s ha kéjt szikráz a szem,
nem lehet bennük Isten sohasem …

Mit tudom én, mi az, ami fáj,
ami messzire visz az ölelés alatt,
mit tudom én, miért van úgy,
hogy mindenben mindig akartalak,

de abban a percben, hogy a vágy kiált,
és magasba lobog szemed írisze,
abban a percben csak magam vagyok,
enyém a csók s nincs más senkise.

Nem nézek szemedbe, szerelmem én,
s nem nézem, hogy mint fakad
arcodon s a szem mögött
hozzám hasonló akarat,

nem nézem, hogy a szenvedélyed
mint formálja át szíved,
s nem akarom tudni, hogy a csók mögött
a csók számomra mily hideg.

Bocsássuk meg egymásnak a kéjt,
bocsássuk meg, hogy gyengék vagyunk,
hogy vágyak s ösztönök csupán
hogy véges nagyon akaratunk,

Bocsássuk meg, hogy nem Te vagy
s nem én vagyok a Szerelem,
hanem minden mögött és mindenütt
valami végtelen nagy rejtelem ...

VALLOMÁS A SZÓHOZ

MEGJELENT AZ IZRAELITA
M A G Y A R   I R O D A L M I
TÁRSULAT PÁRTFOGÁSÁVAL
B U D A P E S T   1 9 4 3

Én azt hiszem, hogy minden csak azért van,
hogy formába öntve kimondott legyen,
mint ez a vallomás a szóhoz
egy május estén a Gellérthegyen.

ATHEUS HALÁLA

„Az élet értelmetlen volt nagyon,
a gyönyörben úgy úsztam, mint a
levél, melyet vizek görgetnek,
de tisztára nem mosnak színétől.
Nem lettem termékeny fényeidtől,
tagadtalak: így magamat tagadtam,
s a múló percekkel egyre nőtt közönyöm,
mindegy volt: tavasz és ősz, vagy
tél és jégtömbök ...
S most ezer félelemtől sebezve Eléd
hullok. Orgiát ülnek agyamban az emlékek,
és alakot ölt a sejtés, hogy mégis Te
vagy kezdete mindennek és végzete is.
Alakot ölt, hogy félelemmel takartalak,
mert úgy éltél benne, mint élet
a hideg kövekben ...
Uram, uram! Idegenek lettek számban az
ízek, idegen szememben a fény, agyamban
a szín ... félelem ölel nedves karjával
magához, és kimondott szavam is furcsán
cseng már kihalt és átkozott
ürességek felé ...
Uram: Én Atheus Hozzád sikoltok! Bocsáss
Magad elé ... Hadd lássalak, s hadd lássam
anyagtalan szememmel az élet fényeit,
hadd hulljak örök idődbe, s hadd legyen
lelkem az időben áldott ...
Hiszen Te tudod az ember útját, mert
ott élsz a szavak, a mozdulatok
mögött, és mélyen látod, hogy nem azok
vagyunk, akiknek mondjuk magunkat ...

Uram ... Uram! Én Atheus rémséges
forgással forgok Feléd. Szikkad szóm,
szárad nyelvem ... fények villannak
éjszakás agyamban ... Nem akarok meghalni
uram ... ! nem, nem akarok ... soha ...!

Így szólt ... Aztán kimeredtek szemei,
melyekkel asszonyt és tavaszokat látott,
megmerevedett szája, mellyel tagadott,
és hívott, lehullott jobbja, mellyel
ég felé mutatott az utolsó pillanatban,
fülét eltömték ismeretlen vatták,
- és végtelen közöny úszott felette ...

1942. November

IDEGEN EMBER VAGYOK (1942)

Süket füllel is hallom a Gyöngyöst,
Húnyt szemmel is járom az utat,
És előre tudom így tavasz felé,
Hogy melyik fán, milyen levél fakad.

De nekem mégis idegen a május,
És olyan messze van minden régi emlék,
Idegen ember vagyok e vidéken,
És olyan szívesen idegenbe mennék.

Pedig én is álltam egy alkonyos órán,
És nevemet játékosan rajzoltam porba,
Zászlóként orgonát tűztem,
Egy összegyűjtött kis porhalomra.

Pedig én is elestem – és sírtam,
Könnyek hulltak le a földre,
Tudom a percet, tudom a helyet,
És őrzöm ködösen most és mindörökre.

De hogyan van az, hogy minden más, mint
egyszer,
Hogy színében más lett utca és a házak.
És keresnem kell, nagy-nagy kereséssel,
Hogy valamit magamból: a régből megtaláljak?

Hogyan van az, hogy vannak olyan percek,
Mikor körülnézek irtózva és félve,
S az ismerős helyeket úgy bámulom furcsán,
Mintha most jöttem volna erre a vidékre?

Jaj ... nemcsak testet ölthet a fegyver,
És nemcsak szívek jegesednek fagyba,
De meghalnak a legszebb emlékek ...
És sírni sem lehet már ilyen elhagyatva ...

AZ ÜSTÖKÖS

Fejek felett rohanó üstökös,
Te ég palástján tüzes diadém,
Százak emelték szemüket Érted
Lent forrott, vérzett, táncolt az élet,

És sírtam én ...

Mostoha sors kergetett hazádból,
Mögötted mindenütt az éj rohant,
Csak sötétben mutattad meg magad,
Csodáló megtört csillag-arcodat.

Álmot hoztál: végtelen csodákat,
Kipállott szájakra hullt vigaszt:
Nemcsak nekünk kín, járom az élet,
Öröktől kezdve tagadás léted.

Fejek fölé szórtan glóriádat,
Sebünkre fény-könnyet csepegtettél,
Szívedre vontad éji palástod,
Elrejtetted lángos vonaglásod,

Én sírtam, - és Te nevettél ...

1941.

ÖRÖK MELÓDIÁK

Az én népem ott született,
ahol föld mögül a fény fakad,
az én népem szemeiben
ott sugárzik azóta a nap,

Ha ködös: semmi-éjszakák izentek
és halott volt felettük az ég,
az én népem sötétbe szórta
napszemének ezer színét.

Sohasem hallott melódiát fütyörészek.
Keleti tájak, keleti emlékek
ébrednek, csillagok remegnek, szikráznak,
s valami azt súgja: mélyből jövök, mint az
árnyak,
melyek titkos módon úsznak a szívre.
... Egy hatalmas vihar ott szerte-vitte
Babilon után az ember-szirmokat. De csodák
születtek. Forrótüzű országutak porát
taposták, és magukkal vitték a hegyek
égbetörő nagy álmait, a féltve őrzött tekercseket,
s ha ijesztő volt néha a vidék, ha sakálok
ordítottak éjszakák csendjébe, ha álmok
fél-őrületbe kergették őket, - egy melódiában
felolvadtak mindig. Tudom. Én is közöttük
jártam.
... és ma 42 júniusában, mikor érzés és értelem
megszűnt, és sehol sincs velem
senki, csak dalok kísérnek, és véremben valahol
egy nép élete sír, egy nép fájdalma dalol,
mikor ezer csodán át feltör kétezer év, ma tudom,
hogy ezt hagyták rám az ősök, ez van írva a
sírokon
láthatatlan betűkkel ... - hogy jön majd egyszer

98

éjjel,
mikor borzalom a szívekre szerte-széjjel
a világon rárohan, lesz majd az agykéreg alatt
mélyen
egy dal, melyet elsírtak sok régi éjen,
lesz ének, melyet őrzök öntudatlan,
s mikor a gyűlölet átfog, s millió rémalakban
táncolnak árnyak bennem végig,
és nem látok magasba: égig ...
s az utcák hangosak a némaságtól,
a könnytől, a sóhajtól, a haláltól,
mikor tollamra, mint puskacsőre nézek,
s hallom már a dörrenést is, s a vérnek
szagát szagolom szinte ... s úgy érzem: nincs
tovább ... !
Jönnek, jönnek a melódiák ...
Jönnek képek, melyekben mélylángú szemekbe
nézek,
s a pupillák mögött fényt keresek, és
messzeségek,
évezredek szavát hallom, - dalokat az agykéreg
alól, hogy a vulkánok kitörnek
s hogy kiégnek majd. Hogy a könyvnek
íze ismét mámoros lesz, s hogy jönnek
nagy tavaszok, s az örömnek
zászlait bontja a fény. Sötét
éj borult fölém. Odakint az utcán két
ember hangosan beszél ... a gyűlölet száll
ablakomon át,
- köszönöm nekik a melódiát,
csak *nekik* köszönöm, hogy ma már tudom,
nincs kard, nincs szó: nincsen hatalom,
mely a lélek, az agy mélységéből
kivághatná a dalokat, s a szélből
kiáltó izenetet ... én köszönöm,
hogy a legmélyebb tüzű könny,

mely megmaradt évezredeken át,
az én könnyem. Köszönöm a melódiát!

1942. június

Neked, aki életem keserű és nehéz
megindulásakor az "ősi ritmus" voltál

NINCS SZERELEM

Olykor dereng egy elmúlt, régi élet,
hogy találkoztál már velem,
s ha gyűlöletet sziszeg a szél,
símogatásod ismerős nekem.

Természetes, hogy vagy és vagyok!
Csókunk alatt az idők összefolynak,
s mi nem tudjuk, hogy most van-e a most,
és nem tudjuk, hogy most van-e a tegnap.

Sziszeg a szél ... Európa ugat ...
És a reflex: Hozzád símulok ...
Rémlik: hej, de régi ez a szél,
és régen vagyunk mi ijedt utasok!

Éjszakámon a Jordán vize hív,
áltölel a víz csodás húsa,
és egyszerre csak Te vagy a folyó,
Te vagy a víz ősi ritmusa.

A mi tüzünk nem szökik magasba,
nem forr katlan, nem zúg tárna,
csak azt érezzük egy-egy pillanatra,
mintha csókunkból Isten íze szállna ...

Mag voltunk egykor Isten tenyerén,
de jött a szél, és ránk fújt a száj,
és mi vittük, vittük az Ő szent ízét,
és sírtuk együtt: fáj Urunk ... fáj!...

Így vagyunk együtt: titkunk közös!
Ne szólj ... csak gyere velem,
Haza felé ... s míg messze vagyunk,
véres szívünk. És nincs szerelem!

1942. október

MEGYÜNK TOVÁBB!

Semmi ... Megyünk az úton,
felettünk nagy tenger az ég,
az ég csodája bűvöli a lelkünk,
semmi ... Mennünk kell. Elég!

Arcunkat a nap rozsdája éri,
vérünkben tűzfolyó szalad,
szalad egy átok, amerre járunk ...
semmi ... Egy nép halad!

Figyeled? ... csibészek lesnek,
kövekkel dobnak, zúg a vád,
a vád ismerős, ne állj az úton ...
semmi ... Megyünk tovább!

Csókot kíván elszáradt ajkad?
Mint őrült tenger lázad a vér?
A vér csak forrjon, csak égjen a tested,
Semmi ... Egyszer minden célhoz ér!

Emlékek járnak lassú lábbal Benned?
Hív egy régi tenger, régi táj?
Régi táj és régi álmok? ...
Semmi... Tovább, hogyha fáj ... !

Tovább, ha napba akarsz érni,
tovább, ha zokog a szíved,
szíved egyszer megbékél a földben ...
semmi ... Az Istent viszed!

1942

MIKOR AZ EMBER ...

Mikor az ember lelke fáradt,
Átérzi rajt' a nagyvilágot.

Amikor lassú percek jönnek,
zét érezni lázas könnynek.

Amikor álmot lát az ember:
Tele van szíve szerelemmel.

Jaj Istenem, de furcsa képek ...
Istenem, mind de semmiségek ...

☼

Anyámról láttam egyszer álmot:
Szívembe adta a világot.

Aztán reggel rádöbbentem,
Hogy világ nélkül van a lelkem.

Akinek szíve égre dobban,
Mindig többet ver, mindig jobban.

És megtudja egy felhőszárnyon,
Hogy idelent csak minden álom ...

1941

AZ ISTEN TEMETÉSE

Szomorú út volt. Kezükben fegyver csillogott,
szemükben éhes volt a gyűlölet,
vagy az ördög tudja, mi ... és ment a tömeg ...
Ment, hol lassún, hol gyorsan ...
a napban szikrát hányt a szuronyok éle:
ilyen volt az Isten temetése ...

Aztán, amint az első tűz kilángolt a
szűk fegyvertorokból, és
elbukott az ember,
nem dörgött az ég, meg a föld se
rázkódott ijedelemmel,
csak a rét volt déresen könnyes,
meg valahol sírt a béke:
ilyen volt az Isten temetése ...

Aztán, amint egymásra jött az attak,
és pirossá lett a zöld füvek háta,
még lángos lett az erdő és a búza,
és ráesett a sok élet egymásra ...
A szél se fújt, meg csillagok se égtek,
csak muzsikált az estben száz torok hörgése ...
Ilyen volt az Isten temetése ...

1941

HALOTTAK GYÁSZA

Sziréna bömbölt ... és valahol, valahol
keleten megmozdultak a homokpuszták,
jajongtak az oázisok ... és borzadva hallgatták
a halálmadár énekét.
Kelet sírt ... és zokogtak mind az Istenek,
csak Szet kacagott vérfagyasztón ...

... És minden, minden, ami halott volt, felébredt,
megélénkült a sivatag, tömegek árasztották el
a Nílus völgyeit ... és eképpen sírtak az összesek:
" - Ámon! Fényeddel megalapoztuk Nyugat
művészetét,
piramisokat emeltünk, szobrokat faragtunk,
és most, most ez az átkozott dörej
elpusztítja Jégmadaraival ötezer év csodáit ... "

S míg nyugaton az élők légvédelmi pincék
rejtett mélyein várták a halált,
addig ős-kelet halottai sírtak ...

Budapest, 1939

KÖZÜNK VAN EGYMÁSHOZ

egymásban hordjuk az életet,
bánatod: bánatot fakaszt bennem,
örömed: örömöt ...

HIDD EL NEKEM

Hidd el nekem, hogy a
csúnyában is van szép,
s a sárban is van csillogás.
A vágyban mindig van megismerés,
s a kínban is van valami öröm.

Hidd el nekem, hogy az emberben
is él szent valami,
s az állatban is lakik lélek.
A szóban mindig van bátor kiállás,
s a bátorságban sokszor félelem a léttől.

A magasban is van kicsinység,
s a kicsiben végtelen hatalom.
Álomban is él egy élet,
és sokszor az életben álmodunk.

Szertelen és végtelen utunk,
néha messze fényeket kergetünk,
félünk a tudattól,
és örülünk a nemtudásnak.

Így lehet az, hogy él
egy fordított világ,
bűn, piszok, és emberi
salak nélkül.

A földet, ha akarod:
így is nézheted ...

1939

AZT HISZEM: VALLOMÁS

Olyan jó vagyok, van könnyem is,
Húszéves, furcsa álmom,
Nem öltem, nem loptam soha.
Ezen a világon,
Szívemben úgy úszik a dal,
Mint levél a Gyöngyös hátán,
Határozatlan is vagyok,
Mint halavány szivárvány.

Van csókom meleg, mint a nap,
Mint vezuvomnak mélye,
Van néha, hogy szájra hull,
Van, hogy egy levélre,
De ha sok csók csóktalan marad,
És kerget a messze titka, -
Van éj, van hold és sok titok
Hull tollról a papírra ...

Van Istenem: a mezőn
Találok reá sokszor,
Zeusz arca sincs neki,
És nincs rajt' görög bocskor,
Csak jön egészen egyszerűn,
Ahogy jönnek este árnyak,
Megáll: a szívembe néz,
És nem kíván imákat.

Van, bennem sokszor valami,
Hetyke, szamár vétek,
Hogy minek a nő, minek a szív,
Minek a fenének?
Hiszen minden hamis, minden virág,
És blazírtan mondom: semmi ...
De öt perc múlva könnyesen
Elkezdek énekelni ...

1941

BRILLIÁNS

Megláttam benne északot és hideg
fény esett rám. Csodás mezőkön csillogott a jég,
s az északi ember fény felé emelte kezét.
Megláttam benne nyugatot: vérhullámok
forró-gyöngyözőn, bíborpirosan, gyilkosan
nevettek, - s én (nem szégyenlem) – sírtam.
Aztán a messze dél alatt
narancsszínekbe fúlt a fény,
s míg verejtékes lett homlokom,
nyugati szívem, szegény,
forrótestű nők dalát hallgatta,
a távoli dombokon szólt a fegyver,
s én fáztam ...
Aztán mutatta keletet ezernyi furcsaságban,
hajladoztak a karcsú pálmák,
lassú ritmusra vonaglott a szél,
és összefonódott ebben a furcsa bálban
a sok tenyérforma nagy levél ...
Mindent megláttam benne: az életet
szürke felhőival, csalóka sugarával,
fekete vakságával.
Csillagos éjjelek énekét hallgattam,
és kergetett ez a sok minden,
kergetett ez a fényözön,
hogy imára kulcsolt lélekkel
csodáltam ember-szívemet,
mely visszaverte a megtört fényeket,
folyó színek végtelen áradatát,
mely kis patakká lett a tollam hegyén ...

1941

ÖREGEK A PARKBAN

Itt kint ilyenkor símogató szelek
ficánkolnak,   a padokon nagy áhítattal
üldögélnek az öregek,
nyugdíjasok és betegek,
és csak néhol hallatszik egy-két szó,
megy egy-két sóhaj ...
A fákon apró madarak hintáznak,
csicsergő szájjal hívják párjukat,
a füvön sárga szöcske ugrik nagyot,
s a kis patak közelben álmosan folyik.
Itt kint ilyenkor imádkozik a szürkeség,
míg aztán végre este lesz,
és felcihelődik egy-egy pad öregje:
mennek tovább ... – az élet csörgedez ...
Holnap megint kijönnek, aztán estefelé,
megint simító lesz a szél,
a pajkos madár részegen fütyöl,
s a halk zsongó ágak között
régi emlékek ébrednek majd,
egy röpke csók, simító kézfogás,
árnyékos orgonák közt forró ölelés,
egy kis nyári zivatar,
mely elmúlt és édes volt a békülés,
   áldott a kor, amelynek méze van ...
Itt ilyenkor nesztelen lábakkal lépnek
a csupasz emlékek,
sóhajok bújkálnak a bokrok mögött,
s ha láthatnád a könnyeket ...
(Ilyenkor mindenhol könnyezők:
a föld, a pad, a szem, a szív ...)
Minden csak visszahív ...

1940

ESTI BESZÉLGETÉS

Tudod ... - sokszor azt hiszem, hogyha nagyon fáj - mondjuk Philadelphiában - valakinek az élet és sápadtan járja az utcákat, a téli szél csap szemébe és orrában érzi a benzin szagát ... és nincs kedvese, senkije ... - az anyja sincs, csak valahol hideg és rideg szobája, és arra gondol, hogy nincs értelme már a komédiának, s úgy érzi, hogy valahol elrontotta sorsát, akkor talán belém is éppen így fájdul az élet, talán tudatlanul megérzem, hogy valaki mélységek felé botlik, és magyarázatlanul mondom Neked, vagy otthon Apámnak: "... nem is tudom, hogy mi van ma velem?" És igen ... hiszem, hogyha például Szegeden egymásra talál két ember, és egy pillanatig egybelüktet a szívük és a csók már ott kereng ajkuk előtt, mint töltött gömbök között az elektromosság, akkor talán éppen azért vagyok lángoló és keresem legszebb emlékeimet, csókokra emlékezem és nyárra, midőn Badacsonban úgy imádkoztak a fák, mint titokzatos barátok ... Aztán hiszem, hogyha – például az utcán járok – és elmegy mellettem valaki, aki éppen anyjára gondol, és keresi arca színét, és ijedten döbben: "Nagy Isten fakultabb a kép, mint tegnap" ... és eszébe jut: "Mikor is? ... már hét éve halott ..." És eszébe jut talán az a szeptemberi este, mikor anyja lehunyta szemét ... Talán én is éppen anyámat látom és nézem amint egy nyári délutánon a verandán áll és valami ruhakosárban keres, és furcsállom, hogy így megmaradt bennem az a perc, az a mozdulat ... Így peregnek egymás után a képek ... Valaki valahol ifjúságára gondol ... s nekem eszembe jön egy régi nyár, amikor lementem az udvarra, ahol fotballt játszott sok gyerek, és amikor a fákra nehéz lélekzettel rákönyökölt az alkony, trágár vicceket mondtunk egymásnak, meg nőkről volt szó: hiszen tizenhat év verte a vérünket ... És hiszem, hogy *közünk* van egymáshoz, hogy a fájdalom: fájdalom volt,

113

és marad. A könny: könny, az öröm: öröm. Érzem, hogy mélyebb titkok ezek, mint maga: az ember. És ilyenkor estén, amikor meghitten nyitott a lelkem, és idegeimen át érzem a nagyvilág sok izenetét, és látom, hogy felettünk tiszták a csillagok, szeretném elkiáltani ...: hahóóó ... Ki szól ... ki keres? Én itt vagyok, nekem is fáj, nekem is jó, nekem is szép, nekem is csók: a csók ... Itt vagyok! Én vagyok ... aki ujjongtam ismeretlenek szaván ... - Közben hallom, amint mondod: "hideg éjjel lesz", és magasba bámulok, és mondani szeretnék sok mindent, hogy közünk van egymáshoz, mert egyszer kihűl a nap, halk lesz a szó s csak bocsánat lesz ... Közünk van egymáshoz a kéj, a vér, az ember ... az a föld s kétségek, melyeket rémülten újnak hiszü nk, régiek, és érzi minden teremtett tény ... Hidd el: közünk van egymáshoz ...

1942. február

VALAKIT HÍVNÉK ...

Valakit hívnék most, és szólnék testvéri
szóval: Ülj le mellém és nézd a kályhámban
pirosló
parazsat. Nézd, - kitárom gondolataim mélyen
furcsa
kagylós mélyeit, és borzadva, csodálva hullanál
magadba, hogy mindezt Te is felkutasd.
Valakit várok most, s míg a sötét szobában
az arany fényét veti rám a kályha, nem csókra,
nem szóra, nem vigaszra vagyok éhes, hanem
közös nagy hallgatásra. Úgy elgondolnám, hogy
ketten vagyunk és anyám képe néz reánk,
és hallgatva mennyit mesél a szeme ... Nézném
az arcot és lelkem belelátna a festmény mögé,
indulnának a sejtek, az ízek, és mosolyogna, élne
szólna a szem ...: Kérdi, lekvárt eszem-e, vagy
inkább
vajaskenyeret? ... És a ráma helyén egyszerre
mély űr tátongana furcsán és én belelátnék az
elment időbe, mikor úgy estefelé leszólt a kertbe:
"Kész a vacsora, fiam..."
Várok most valakit, aki idejönne hozzám,
letenné kabátját, nem mondana sem szervuszt,
sem
jóéjszakát ... csak leülne és nézné a kályha tüzét
...
Kettőnk szívét áldanám akkor, aztán a Király-
féle
malomra gondolnék, mely gyerekkoromban
leégett és
eszembe jutna a bolond Konrád, ahogy ott állt a
fekete üszök között s azt mondta síri hangon,
mintegy bele magának: "senki sem sír ... senki
sem sír ..."

115

Aztán, mint kihunyna a kályha mélye, Kőszeg
felett gomolygó felhőkre gondolnék, s az erdei
útra,
ahol kettesben jártunk, s a magasság
himnuszára,
mikor leálltunk a végtelen mélybe, és egyszerre -
nem tudom miért – elkezdtem fütyölni egy
melódiát,
melyet körülbelül tíz évvel ezelőtt a Beketov-
cirkuszban
játszott a zenekar ... és azt mondtam: "furcsa",
meg azt:
"alig hiszem néha, hogy ember vagyok", - és
közben megrántottam
a bokámat. Aztán, amint a porrá készülő parázst
nézném,
a temetőre gondolnék, meg egy kis síremlékre, és
Ádámra aztán, hogy állítólag ő is por volt ...
és szembe jönne Ábel Panu egyik festménye,
ahol sugárból teremtődik az asszony ...
Rád néznék aztán álmos szememmel és látnám,
hogy
messze mélységekben úszol Te is ... és
megnézném,
ha volna; szemölcsödet szád alján ...

Aztán elfogna valamilyen álom ...

1942 március

116

AZT HISZED: ŐSZ VAN

Az eget ne nézd: a felhők tovaszállnak,
könnyed se hulljon, hogy szürke lett a táj,
s ha Benned mégis fájdalmak járnak,
hidd el: sír egy elveszített nyár.

Hidd el: hajnalok ébrednek Benned,
melyeket nem láttál soha égre jönni,
vagy talán siratod azt a szerelmet,
melyet elhagytál könnyen, könnyen tovamenni.

Te ... - ősszel nem a felhők fájnak,
ilyenkor érzem felszakad a mély,
feldobódnak szívben eltemetett lángok:
sok elveszített nap, sok elveszített éj ...

Eszedbe jut egy régi ősz, vagy álom,
és keresed magadban a kihúnyt perceket,
s azt hiszed: ősz van az egész világon,
és őszökbe lüktet könnyező szíved.

Nincs ősz: élet van ... csak egyszer nyár volt ...
És kezedet nem nyújtottad minden színért,
most aztán azt hiszed, az élet elsárgult,
s azt mondod: ősz ... és azt kérded: miért? ...

1942 október

HALOTTAK

Nem igaz, hogy akik lázas szemmel nézik a napot,
és valami csodát keresnek mindenütt, hogy élnek is!
Én láttam már húsból és vérből: mindent kutató
halottakat.
Alkonyban láttam őket, amint nézték a repülő sugarakat,
de nem csalt szemükből könnyet, és szívük nem
ujjongott
az égre.
Tengerparton láttam halottakat, kik a zajló
víz csodáit nem engedték lelkükre, csak bámészan
néztek ...
Uram, Uram! ... Áldás Neked, hogy élhetek, és él
bennem
az *Ember,* hogy nem vagyok halott, ki szívét csak
lüktetésre hordja, és lelkében nem ébred fel
Neved!
Áldás Uram, hogy nem vagyok lüktető halott!

1941

ÉS NEM TÖRTÉNT SEMMI

Mikor nagyon nagy volt a világ,
S mikor egyszerre kicsi lettem,
És nem volt csók, sem vigasz,
Csak sötét éjjel körülöttem.

És nem volt barát, sem gondolat,
S a rádióban sem volt oly zene,
Mely melegítve egy kevéssé
Folyt volna át a vérembe ...

És nem voltak rémült pillanatok,
Melyektől a szív szakad,
Csak eljött valahonnan éjből
Egy furcsaízű pillanat.

S miként az erdő lombjain át
a fény olykor végigremeg,
Úgy hulltak a szív felhőiből
a csodálkozó anya-szemek ...

És nem történt semmi ... csak elsuhant
Egy perc, által az éjjelen,
S mire az álom karja ért,
A világ nem volt végtelen ...

1941

RÉTI IMÁDSÁG

Már hűtelenek lettek a nagy fagyok, és a hó is
csak olykor hullt.
A nap szemérmesen úszott égi nagy vizén.
Milyen fáradt lehet – gondoltam – és milyen
szomorú.
Örökre csak ontja fényeit, és senki, semmi sem
ad
néki forróbb sugarakat ...
Reménytelen égi szerelmes!
... És ezek a felhők ... gyűröttek, kuszáltak,
mint a megmarkolt ruha,
olyanok a kék semmiségben, mint nálunk,
furcsa dalok, melyek elszállnak észrevétlenül.
Nézd ... a fáknak, milyen érdekes tűzpiros
színe van. Valami forró láz szökött itt
minden anyagba ... - nézd – a dombok mögött
bújócskát
játszik a fény ... Te szentséges nagy Úr! Itt
minden harcol, mint mi ... minden mozog, mint
mi,
- és minden szomorú ...
Gondoltam egykor: Nap is lehetnék ...
de látom, rossz a fénysugaraknak,
mert úgy hullanak rögökbe, mint mi egykor a
sírba ... Lehetnék felhő is, ujjongtam valamikor,
de most remegve nézem, mint fúj reá a végtelen,
és semmivé lesz.
És fa sem akarok lenni már, és fény se ...
Jaj mennyi mindenre döbben rá az ember,
mikor legkevésbé gondol önma   gára,
s talán így szállhat a legigazabb hála,
legszebb dal és Imádság Valakihez.

120

Nemsokára tavaszi szél futkároz a levegőben,
és kérdezés nélkül símogatja meg annak haját,
aki majd legjobban tetszik neki.
Az ég is csodás lesz, nevető ...
Úgy öleli majd át a föld kör-széleit,
mint szerető szerelmesét. És mikor erre
gondoltam, gyerekként örültem, hogy mindezt
érezhetem. Nevetett bennem valami, kristályos
vizek csengését hallottam, és úgy hulltak belé
az élet színei, mint tó vizébe hajított kövecskék
...

És hiába sírt fel szívemből hatalmas sírás,
szememben visszatükröződött minden csoda,
s ezekben a nagy percekben,
egy új életbe forduló vallomásnál,
hálát adtam a pillanatnak,
midőn fekete rögökhöz embernek teremtett
különös sorsom ...

1940

SZERETLEK

Szeretlek: és ez a legtöbb,
több, mint a hála, több, mint a szerelem.
Dícsérem könnyedet, melyet Magad módján
földre ejtesz, dícsérem szépségedet,
mellyel az erdők fáit suhogtatod és
füvet hintesz a mezítelen föld testére.

Szeretlek, mint Anyámat, akitől jöttem,
s aki felé haladok a tűnő időben.
Hozzá formállak öntudatlanul, s ha
gondolni vágyok szemed tüzére,
elkeveredve bennem, az Ő szemeit látom,
s ha szólni szeretnék, Általa szólok,
mert messze vagy az értelemnek,
s mert másként nem érem át a távolság mélyeit.

Szeretlek, mint barátomat, akinek könnyessé
lesz arca szenvedéseim miatt, és messzibe
sugárzik,
ha boldog vagyok. Ha zizeg a csend, ha nagyon
eltűnnek a célok fényei, ha éj van,
úgy szólítalak, mint őt, kereső, kesergő
szavammal.
Hiszen úgyis tudod ...

Szeretlek, és nem érlek el. Csak eljövök fényed
színéig, és csodálkozom, hogy már itt kezdődöl.
Csodálkozom, hogy bármerre nyújtom kezemet,
lényed anyagába omlok. Csodálkozom, hogy bár
testem váza, agyam, szívem kapcsolatos Veled,
mégsem értem felsőbb intéseidet,
gondolkodásodat.
Ilyenkor megijedek és eljövök a szóval,
mely halk, mint az eső, ha füvekre hull,

122

lágy, mint a szél, ha átborzong leveleken,
kereső, mint a fény, mely kandikál felhők mögül.

1942.

IMÁDKOZOM

Milyen jó, hogy ilyen egyszerűen imádhat az
ember,
hogy nem kell elmenni rideg templomokba,
ahol olyan távol a szív, és olyan sok az ember.
Imádkozom ... azaz – gondolataimat Istenhez
vélem kapcsolni, és azt mondom: "Bocsáss
meg!"
Meg azt: "Köszönöm" ...
Gyerekkoromban fehérnek láttalak.
Nagyszakállúnak,
ahogyan egy falfestmény mutatta valamelyik
péküzletben. Köszönöm, hogy olyannak láttalak.
Most is őrzöm azt a képet, és valahogyan benne
van Istent kereső imádságomban ...
Néha tudok róla, néha nem ...
Láttalak nagyszemű csudás tavakban,
hol a mélyen moszatok mozogtak, és zöld
színűk mezőket hozott eszembe ...
Láttalak ... láttalak ... Ezért hát köszönök
Neked mindent.
Imádkozom ... - végtelen hullámokba küldöm
a magam gyenge szavát:
Emberhez ... Szívhez ... Csodához ...

1942.

VALLOMÁS A SZÓHOZ

Nekem kellenek a szavak.
Helyemet, sorsomat szegezik furcsán,
Csodákat rejtenek magukban,
Kitárt és fényes csillagok alatt.

Mert valaki vagyok. Valahonnan jöttem,
Sok apró perc kísér halkan,
Sok felejtett ember él szívemben,
Beszélnem *kell* furcsa szavakban.

El kell mondanom, hogy látok és érzek,
Így látok, így hiszek, *így* tudok mindent,
S míg fény vagy árnyék esik szememre,
Szavakba fúlnak sűrű szívverések.

Szólok és dereng, tisztul a mélység,
Megérzed, megtudod, mi minden van bennem,
S ha magadba nézel egy halavány percig,
Engem dobogsz egy percig szívedben.

Ki kell mondani a valót, az álmot,
Ki kell mondani a percek ezredrészét,
Könnybe hullva, vágyba esve sírni
A magunkban hordott végtelen világot.

Én azt hiszem, hogy minden csak azért van,
Hogy formába öntve kimondott legyen,
Mint ez a vallomás a szóhoz
Egy május estén a Gellérthegyen ...

1942

VOLT EGYSZER EGY HÚSZÉVES GYEREK

SZOMORÚ MESE EGY HÚSZÉVES GYEREKRŐL

Volt egyszer egy húszéves gyermek,
nem volt mása, csak a könnye,
egy-két csókja, forró vágya,
de a tél a hóba vágta ...

Ismertem én még Őt a nyárról,
mikor harmat hullt a fákról,
nagy dalolva hitt a szívben,
hitt a csókban, hitt a vágyban:
augusztusi éjszakákban.

Egyszer egyik nyári estén,
lelkét öntözve dalolta;
"szeretek egy leányt, édest,
mintha ... mintha anyám volna ..."

- ezt dalolta a világba ...
Aztán télen lázak között
nyárról beszélt, csillagokról,
sírt testében furcsa vére,
s azt lüktette: elmúlt. Vége.

1941

LÁTTAD-E?

Láttad-e ilyenkor ősszel
sárga mezők felett az eget,
a bíborfodros bárányfelleget,
és bokrokat, melyekben még a
nyárnak násza van,
leveleket, melyek széltől csókolva
lehulltak boldogan?

És azt a muzsikát hallgattad-e,
mely összecsapott a szívedben bent,
hogy úgy érezted: szent
a pillanat?
Csak halk szavakat mondtál,
feledve közben az egész világot,
elküldted ebben a szent pillanatban
tiszta lélekből legtisztább imádat.

Az igazi ez ... Mert a hangos szó
elveszik a mélyben,
de a lágy szavaknak ereje van,
a csendnek is, mely ott ég Isten szívében
és elér Hozzá az ismerős dallam.
Nemcsak az igaz, mit kimond a szánk,
és nemcsak az, melyet hiszünk,
legigazibb az az imánk,
mikor sír a szívünk,
s mi szótlan könnyezünk.

Ha őszben jársz és keresed álmod,
sebet ne ejts a szíveden,
ne lásd az őszben: ősznek a világot,
és ne fogja át lelkedet az őszi sejtelem,
mert minden, mi ma lehull,
holnap újjá éled,
és vidám tavaszban ég majd a nap,
akiben nincs ősz, abba a tavasz éget
hatalmas reményt, új szavakat!

S ha éjjel jön, az éjszaka sötétje,
mint óriás palást a világra hull,
ki nem mondott szavak csengenek a mélybe,
és megrögződnek eltiporhatatlanul,
s ha felnézel a mámor-éjszakába,
az égen írva úszik, mint valami nagy tavon,
hatalmas, lángoló betűkkel jelmondatom:
szeretlek nagyon!

A látomást az égen láttad-e?

1940

KELETI BÚCSÚ

I.

Kedves!
Ma hajnalban is orgonáztak vágyak,
s míg a vörhenyes nap tányérját néztem,
szívem azt ütögette, hogy egyedül maradtam.
S bár Isten könnyében – a patakban – néztem
sápadt
arcomat, nem láttam mást csak két fáradt
könnyet
pilláimon. S a fent forgó nagy korong sem
vígasztalt.
Amint aztán magamra húztam a hajnal bíbor-
véres
takaróját, és mentem tovább, mindig messzebbre
Tőled
mellettem feszülő izmokkal bukdácsoltak a
mezők,
és gúnyosan csóválták a kalászok fejüket.
Mindenhol láttalak. Szerettem volna kitépni
emlékedet, és fütyöltem, szembe nevettem a
széllel,
de szívem mélyében csak Te daloltál, és a szél is
a Te nevedet hozta ...
Egy másik hajnalra eszméltem akkor ...
Kézenfogva mentünk egy nagy mezőn,
és előttünk csodázott az ezer-fényes tornyú
szent város, hol Buddha nevet telt torokkal,
és báb arcukkal mennek eléje áldozni a lámák.
Akkor is így rozsdázott a nap, de szívünkben
élesre fent volt a nyár,
és szánkon vad volt a csók, szentebb
minden nagy imánál.
Tévelyedett úton járok most, és szórni

kívánnám a sziklákról emlékedet,
hogy zúzva hulljanak alá ... - de nem lehet!
És arra döbbenek, hogy ... igen – kereslek Téged,
mint aki elveszítette drágakövét, s most halkan
visszalépdel vigyázó lábbal a homokban,
és kutatja a járt nyomokat ...
Csak ma tudtam meg, mennyire szeretlek!
Fejem felett az ég nem volt ég,
s a föld lomha lábam alatt nem volt anyám ...

Ha egyszer utadba kerül még emlékem,
ha Te sem tudták elfeledni,
taposs kemény sarokkal reá ...
és rúgd a vizeknek görgő mélységébe,
mert érdemes vagyok százszor taposásra,
érdemes vagyok a megtisztulásra,
érdemes vagyok a szenvedésre,
és érdemes vagyok a csókodra is.

És ha egyszer éjjel lesz, s a Nagy-Hegy felől
feléd lesnek a borzalmas szellemek,
és ágyad füve nem ringat úgy, mint máskor,
járt szívvel hívj engemet, kedves ...
s bár rontott csókkal, bár romlott vággyal,
de eljövök, hogy megvédjelek,
hogy támadjam a rémítő szellemeket,
mert véd és támad, aki szeret,
mert repülni tud, aki csendes csókra vágyik,
mert halni is kész, aki imád,
és élni tud megint a halott szív is,
ha átjön a Nagy-Hegyen egy sóhaj,
mely új életra hívja ...

1941

KELETI BÚCSÚ

II.

Kedves.
Rászakadt Nagy-Hegyre a tél,
hideg gyémántport szórt le az Isten,
kinyújtott kézzel, mely Téged keres,
ködökbe nyúlok és csókodra emlékezem.
Fák mutatnak meztelenül az égre,
álmok úsznak el felettem:
kék, piros, rózsás, furcsa álmok,
ha markomban összefognám őket,
szivárványt festhetnék az égre.
Te ... mondd ... emlékszel-e még a két
szivárványra ott a Tónál, a teveformájú
hegyek felett? Akkor azt hittük, örök a
perc, mely csókkal átfogta szívünket.
Aztán elmentél. De nem tudtad, hogy aki elmegy
az elviszi magával a szívét is,
Nem tudtad, hogy aki könnyet ejtett
csók miatt, az könnyes lesz mindig
a csókért.
Ha olykor estéken kunyhómban piszkálgatom
a húnyó parazsat, és fülembe jön
a lámák imája, s a völgyből felszáll
a sok ember lelke, mint a lehellet ...
Rád gondolok, és egy széttört parázsban
jól látom szemed tüzét.

Van, hogy régi nyárra emlékezem,
mikor csillagok közt kerestük magunkat,
és nem tudtuk, hogy mi vagyunk a csillagok.
Jaj annak, aki égben járva keresi az eget,
s aki földre hullva látja, messzire az ég.
Pihenj kedves. És ne tudd meg, hogy megcsaltak

a meleg nyári fények,
ne tudd, hogy vérzett ez az ének
hideg téli estén a Nagy-Hegy alatt ...

1942

BADACSONYI ALKONYAT

Ott ültünk a padon. Felettünk imádkoztak a fák:
"Ez itt két szerető ember ..." s mi hallgattuk az
imát.
Hosszú vonat futott előttünk,
Összefolytak a keskeny ablakok,
Puhán, lassan hullot ránk az este,
S az ég alján kigyúltak csillagok.

Hegyek felett felhőket úsztatott a kék ég,
Dibb-dobb ... - szívünkre ráhullott a szépség:
Öröknek látszott e néhány pillanat.
Halk szél a csárdából zenét hozott,
Szívünk egymásnak mindent elmesélt,
De a szánk hallgatott ...

Hazafelé forrón adtad kezedet kezembe,
És sápadt fénynél néztél a szemembe,
Szemedben mégis a napot találtam.
Közben egybefolyt sugárként a lelkünk,
Robogott, robogott a vonat ...
S egy nagy hegy árnyékába estünk ...

December:
Most tél jött a nyári emlékek helyére,
Visszanézek a csodás Badacsony estére,
Megvallom szívvel: fáj a szívem ...
Máshogy hittem én a régi lángot,
Húnyt parázsba néz a két szemem ...
Valami a szívemben megállott ...

1941

LÁTOD? HIÁBA

Ledobhatod ruhádat, szemed csilloghat,
mint fények a messze északon.
Vérem minden kis cseppjét lángragyújthatod,
Rád hullhatok őrjöngve, vakon,
sötétbe hullhat minden ... az ágy,
a bútorok, tompa csend ülhet fülemben,
és nincs semmi más: csak melled,
égő szád, hullámzó csípőd,
rejthetsz ezer szerelmet,
sikolthatsz a mámor törvényeként,
és véres lehet szád a csók miatt,
én végtelenbe hullhatok e percben,
és szívhatom a csókodat ...
... akkor sem szeretlek! Valami
idegen, messze világ, valami zsongás ingerel,
és hiába forrok össze Veled,
egy más lány hív és halkan énekel,
és döbbenek bársonyos kezére,
a szivárványforma kicsi szájra,
és mialatt magasba csap fel vérem,
egy régi arc, egy régi csók kerül az ágyba ...
Látod? ... Hiába ...

1942

Köszönetnyilvánítás

Szeretném megköszönni a következő emberek segítségét, akik odaadó munkája nélkül ez a kötet nem jelenhetett volna meg. Várnai Katalin Dvorának, aki legépelte az eredeti 1943 és 1946 között kiadott változatok alapján a három kötet verseit. Devorah Priampolsky-nak, aki kreatív tehetségével megtervezte a könyvborítót. Valamint Goldmann Mártának, aki lefordította az általam írott előszót, és Murai Gábornak, aki a versesköteteket lektorálta és a magyar nyelvű szövegeket összevetette. Valamennyien erőfeszítéseikkel jelentősen hozzájárultak e kötet megjelenéséhez. Kitartásukat, támogatásukat és elkötelezettségüket nagyra értékelem és hálával tartozom érte.

Miriam Bracha Heimler

Publications by Eugene Heimler

Now available at Amazon.com

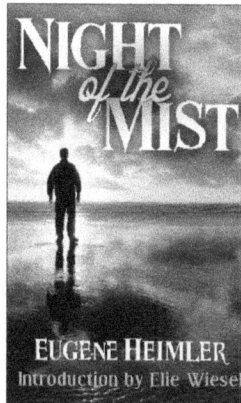

Night of the Mist

REVIEWS

Rabbi Dr. André Ungar

"Over half a century has passed since the events described in *NIGHT OF THE MIST*.

It has been over two decades since Eugene Heimler's own death in London on a cold, grey winter's day. But the story he tells is vividly, immortally alive. It is a tale of horror and heartbreak, of loss and degradation – yet also of hope and faith and warmth and humor and immortal humanity. It is unlike any other work that came out of the ashes of World War Two. His is a poet's voice as well as a philosopher's and a psychologist's. It is a young voice, an ageless voice. Our lives are the fuller for listening to it. ...It is a human document of great value. It contains wounds, both familiar and less familiar, that will long haunt the reader."

Elie Wiesel

"Eugene was 21 when he arrived at Birkenau. His description of what he saw, heard and lived through is sincere and restrained. He tells wonderful and moving stories of his childhood and adolescence in Hungary – his first loves and youthful reveries – the sudden German occupation – the wedding in the ghetto. The beginnings of fear, the intimations of the trials to come. The rebellion against destiny: Eugene and his loved one are married, but their happiness lasts only one night. Their honeymoon is spent in a sealed boxcar heading towards the unknown.

This gripping account is profoundly honest. The astounding episodes he relates are both atrocious and bizarre. In Auschwitz, a few paces from the crematoriums, the daughter of the chief of a Gypsy camp takes a liking to him. She feeds and protects him. They make love. In Auschwitz. Later on, *a Lagerältester* [head of the camp] takes notice of him. Thanks to an SS officer, he is put in charge of a group of ten young prisoners. Surely a guardian angel is watching over him. On the edge of despair, a man consoles him; it is the rabbi who officiated at his marriage so many eternities ago."

"These miraculous moments were more often than not engulfed in the all-encompassing climate of brutality. Heimler captures it well. The stark dehumanization of some, the desperate solidarity of others. The pangs of hunger: the power of attraction of a piece of bread. The disappearance of all traces of civilization, culture, morality. The conversations about the past, meditations on God, the dreams that make waking harder, more unbearable."

Professor Dr. Sarah Morris

"As a University professor who has been teaching literature of the Holocaust for many years, I have read a lot of books on this subject. I found that I could not put down this book; it was so captivating and well written. It qualifies as literature, since the author manages to tell the reader so much between the lines, just hinting and thus striking a cord in the reader's heart. The most unexpected and unusual things happen in this book.... The author's sensitivity, common sense, intelligence, modesty and warmth vibrate through the pages of this outstanding book, which I personally prefer to famous texts on the Holocaust such as for example Elie Wiesel's "Night". You will love this book!"

Mrs. Sheila Lyons

"Eugene Heimler's memorable account of the holocaust is a work of the utmost poignancy and importance. This is a book which the adult reader will find difficult to put down. His descriptive narrative of the sufferings of those he lived with in the Concentration Camps during World War II - and his own fight for life - his inner growth and understanding, are quite exceptional.
The book takes on for the reader, a personal involvement in the brutalities, bestialities and horrors perpetrated on the inmates. That which would be unspeakable, Eugene Heimler has been able to articulate. The breakdown of all moral and ethical values, be they of the imprisoned or be they of their captors - a so called 'civilization' within a 'civilization'. It is quite extraordinary how Heimler makes this come to life. It is even possible to laugh at some of the incidents related; we can really see the funny side!

The portrayal of his own inner growth, his little acts of kindness albeit in an environment of unspeakable horror, his strength of character leaves the reader with a feeling that there's hope for us yet! This small volume is a masterly account of man's inhumanity to man. A must for every student of Holocaust Studies and might I add, for every student of Political and Social Studies."

"A dramatic and readable book."— *The Times Literary Supplement*

"Behind the eerie, the manic, the disgusting, he still conveys the desirability of life, the variety of human behavior, the power of imagination. His own conclusions were not of hate, but of discriminating tolerance." —*Peter Vansittart in The Observer (London, England)*

"This book deserves a place of its own in the literature of Nazi horrors, as it deals with those events from an unusual aspect – the effect of them upon the victims themselves." – **Lord Russell of Liverpool**

"There is no self-pity in Heimler's writing; just wonder at man's inhumanity to man ... the massage he brings is not one of horror but of hope; of a fight back to life, and a life well worth living." – *The Huddersfield Examiner*

"This book has an important lesson to teach – that faith in God and in the dignity of man can overcome the greater evils that men can devise." — *The Catholic Times*

Now available at Amazon.com

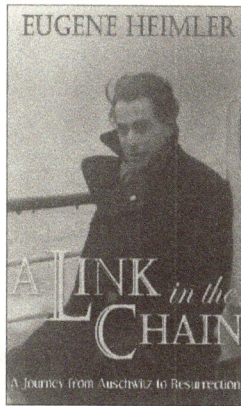

A LINK IN THE CHAIN

A Journey from Auschwitz to Resurrection

In this second powerfully written volume of Eugene Heimler's incredible life's journey from a persecuted Jewish child in a small town in Hungary to world-renowned writer, therapist and teacher, Heimler is on his way home to Hungary from the concentration camps of Germany, where he had lost all his family. On this journey he experiences many life-threatening moments: being on a train with a former German SS man; witnessing the brutal rape of his traveling companion by Russian thugs; attempts on his life and being arrested and charged with treason in Hungary.

Eventually he reaches England and remarries, but his trials are manifold. After hearing that the Secret Police are torturing his friends in Budapest, he realizes he can never return to Hungary and has a breakdown. When a psycho-analysis helps him come back to life and regain his hope for the future, he is ready to act on an early ambition to become a writer and psychologist. He starts to write *NIGHT OF THE MIST,* which has become a world classic, and becomes a Psychiatric Social Worker. These challenges have their obstacles as well, and Heimler vividly describes his work as a Psychiatric Social Worker, including his refusal to give up on others — and himself. His experiences eventually lead to the development of a new method of therapy, which is today known as the *Heimler Method of Social Functioning.*

Throughout his life, Heimler consistently fought to help victims gain the courage to become victors. In *A LINK IN THE CHAIN* he once more tells his stories poetically and vividly.

..... *Messages* ....

A Survivor's Letter to a
Young German

Eugene Heimler

MESSAGES

A Survivor's Letter to a Young German

Eugene Heimler, in his captivatingly poetic style, takes you with him on a life-transforming journey through seas of imagination and rivers of tears; from storms of pain to pools of individual and communal wisdom as well as deep inside his self and yours.

His universal and autobiographical stories, like the vivid colors on the canvas of a water-color artist, flow and dynamically blend time dimensions into an expanding, cohesive whole.

The diversity of genre, time and metaphor is startling and reveals multiple layers of our physical, emotional and spiritual reality.

The author transcends time as he interweaves past, present and future into a tapestry of deep meaning and passion, stained by blood and marked by tears and joy.

This book is about the author's journey of losing, searching and re-finding his own identity and place in his physical, emotional and spiritual worlds.

In his 'stream of consciousness' musings Heimler crosses time from biblical through medieval to modern human experiences of transformation through pain to self-discovery.

This artful intimate intertwining of personal, particular and universal themes draws the reader into Heimler's awe-inspiring multi-layered world of courageous introspection.

Messages illuminates how Heimler, as a Holocaust survivor, struggles to re-discover meaning, purpose and passion from his once shattered world.

Working through these challenges leads him to existential questions about the very meaning of life:

What are the connections between life and what we call death?

How can meaning transcend suffering?

How can we find peace if we deny our worst hours?

How can we understand all the hatred that surrounds us?

How can hate be turned into creativity instead of self-destructiveness?

What can keep our love and our ability to love alive in the midst of atrocities or indifference?

Come, join this remarkable man in his quest for eternal wisdom!

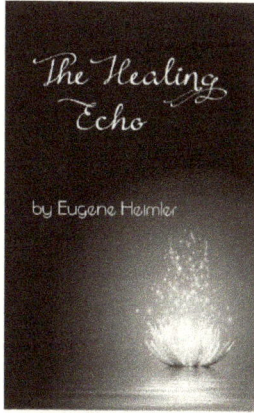

The Healing Echo

When Dr. Sigmund Freud's concepts and ideas penetrated Eugene Heimler's young Hungarian mind, the earth began spinning faster and lightening crossed the Western sky.

Two ingenious minds were crossing up there in the heights; both listened with respect – and then went their opposite ways: one to analysis, and the other to synthesis.

Eugene Heimler's pioneering philosophy, that our potential lies in the creative transformation of our negative forces, is as new a thinking in our 21st century as it was in the 1950s when it first broke ground. Heimler's radical idea that we need to harness frustration in order to flourish crossed the worlds of the post-industrial revolution and unemployment to our current age in which people search for the elusive meaningfulness of life.

The author had a 'paradoxical' title ready for his book: "The Gift of Unemployment", however, there was fear that hopeless 'victims' of unemployment would smash the shop-windows of book-sellers in Great Britain.

Yet, he, as well as those men and women whom he helped find meaning and purpose in their often shattered lives, was convinced, that his method works.

Not only people who are stagnated in their growth, but also children in kinder- gardens and schools can, with the help of Heimler's new approach, explore their untapped potential.

By listening to our inner selves, we can hear our echo, our echo that heals us and that helps us to live a fuller and happier life, to survive and thrive in our complex society. Eugene Heimler first echoed these thought in his ground-breaking book *"Survival in Society"*.

Now, by immersing yourself in *The Healing Echo,* you have an opportunity to enter this hopeful world of yet unimagined possibilities.

Now available at Amazon.com

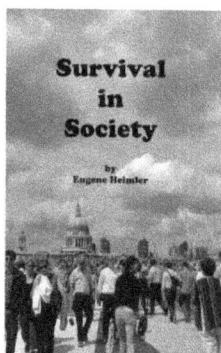

Survival in Society

Eugene Heimler's self-help method of social functioning has been developed and tested – and proven extraordinarily successful – for over forty years. Here he describes in detailed theory and through cases his interviewing and therapeutic techniques, in which a relationship of equality between 'helper' and 'helped' is paramount.

His aim has been to help people as individuals and in groups to make the most of their abilities, however latent, and to positively use their inner resources and past experience. He sees not only the past as influencing the present but present actions determining what we select from the past. Success or failure to function within ourselves and in society depends on the balance between satisfaction, defined as the ability to use one's potential, and frustration, defined as one's inability to use it. Too little frustration can be as damaging as too much: to function normally we constantly transform frustration into satisfaction. In other words, success is one's ability to transform the unacceptable – to oneself and to society – into the acceptable.

Throughout the book emphasis is placed on the importance for the individual of making his own decisions. Here he is helped by Heimler's decision-making tool – his *Scale of Social Functioning* – which enables him to understand his life situation and to act accordingly. The scale is of diagnostic value to the therapist, but its main use is to the patient.

Professor Heimler's method has been applied both to people in need of treatment and to 'healthy' individuals who want to explore their untapped potentials. It has been used by teachers at all educational levels to help students become more creative, in the employer/employee relationship, and by social workers in all fields. Heimler owes much to many past and contemporary practitioners. The originality of his work lies in his synthesis of existing theories and practices into a successful working method.

With great courage and determination she is then able to leave her finally familiar new world in West Germany behind to follow her mentor across the world.

Her developing confidence leads her to learn and teach her mentor's method about overcoming adversity, a subject that she intuitively knew - a lesson that life had taught her through experience already at a young age.

And in yet another growth-step she transforms her spiritual world by becoming Jewish.

Her unimaginable joy in marrying her mentor is shattered when she loses him after only a few years of marriage.

While still grieving her tremendous loss, she finally develops the courage to again reach beyond her pain and fulfills her spiritual dream by moving to Israel and living a meaningful Jewish life.

Heimler's endearing, earthy, captivating style draws the reader into her multi-layered inner world of imagination, determination and hope.

The depth of the scenes she paints is reminiscent of great literature of the past, rather than superficial current works. The reader will enrich her / his life by diving into this real life treasure of vulnerability.